西浦和也選集

迎賓館

西浦和也

竹書房
怪談
文庫

目次

獅子の兜……6
タコピック……10
三階への階段……14
内線電話……18
常連客……20
ひと間違い……23
本日人身事故あり……25
ダメージ・ライター……29
無言電話……33
かわいいですね……36

交差点の女……41
約束……47
録音ブース……50
最後の映画……53
駐車場の女……57
併走するもの……61
月明かりの下で……64
階段……69
アレルギー……72
忘れ物……74
巻き付く腕……78
襖……87
超低反発ベッド……93

人形の足……96
蟲……98
死神……103
憑依なんですか?……105
祖父からの手紙……109
座敷童の宿……113
座敷童の家……115
菊の花……118
コロッケの味……119
テーブルの下……122
ノック……124
お店の神様……130
そういう理由……136

祖母の眼鏡……138
節電はしない……140
触れないでください……142
ナースコール……145
山の祠……151
すな……156
リフト……162
床の間……164
風呂のない部屋……168
挨拶……172
ピンポーン……176
殂《ユ》ク話……181
迎賓館・完全版……189

獅子の兜

　Hさんが、まだ二十代の頃。

「ちょっとした諍《いさか》いで、一時期、夫と別居して実家の近くに引っ越すことになった時のことなんです」

　親戚が持っている、使っていない古い家を貸してもらうことになり、保育園に通う娘とふたり、そこに住むことにした。

　建物は坂の斜面に建っており、地上二階、地下一階のような造りになっていた。

　一階には水周りや台所があり、地下には親戚が置いていった荷物が詰め込まれていた。

　そこでふたりは二階で寝ることにした。

　半年ぐらいは何事もなかったが、八ヶ月を過ぎる頃。

「かいだんのつきあたりのおへやにオシシがいるの」

　そう言って、娘が二階に上がるのを嫌がるようになった。

「オシシって、もしかして獅子舞《ししまい》のオシシ？」

「うん、あかいおかおなの。それがおへやのまんなかで、よこむいてるの」

二階の突き当たりの部屋といえば、自分たちの荷物が置いてある小さな部屋だ。しかし自分も何回も部屋を覗いているが、そんなものは一度も見たことがない。

毎日泣いて嫌がるため、結局、娘と一緒に一階の台所で寝るハメになってしまった。

「それは困ったわね。私が一度見てあげようか？」

Hさんの話を聞いた保育園のママ友、さゆりさんが言った。

「私、ちょっとした霊感があるから、わかるかもよ」

「ほんと？　それは助かるわ。よろしくお願いします」

さゆりさんに霊感があっても、果たして娘の言うオシシが見えるかどうかは疑問だ。

しかし、娘が二階に上がるのを嫌がる理由が少しでもわかればいいと思い、Hさんは家に彼女を招き入れた。


さゆりさんは家に入るなり、話もそこそこに階段を上がり始めた。

やがて、二階の突き当たりの部屋が見えるところまで来ると、階段の途中で立ち止まり、じっと目を凝らした。

「どう？　何か見える？」

そう訊ねたHさんの目の前で、さゆりさんは腹を抱えて笑い出した。

「あはははは、獅子だよ、確かに獅子だ」

「ホントに?」

「でも、ちょっと違うのよ。あれは生首よ」

「生首?　獅子舞の?」

「違う違う。赤い獅子の兜《かぶと》を被《かぶ》った男の生首。それが、こっちを向こうとしている……」

さゆりさんの話では、この生首がゆっくりと階段の方に向きを変えていて、こちらを向いた時に目が合ってしまったら、悪いことが起きるかもしれないということだった。

「なんとかできないの?」

「今日は準備してないから、今度来た時に祓《はら》ってあげる。そうだ、来週の保育園の卒園式が午後からだから、午前中にやっちゃおう」

「うわぁ、ありがとう。じゃあ、よろしくね」

ということで、除霊は翌週、卒園式の日の午前中と決まった。

卒園式前日、さゆりさんから確認の連絡をもらい、午前十時に家に来てもらう約束になった。

当日の朝、娘とふたり、家でさゆりさんが来るのを待っていたが、十一時を過ぎても十二時を過ぎても連絡もなく、結局、さゆりさんは現れなかった。

そろそろ、出かけないと保育園の卒園式に間に合わない、という時間になって、さゆりさんの家から電話がかかってきた。

電話をかけてきたのは、さゆりさんの旦那さんだった。

「朝方、お宅に寄ってから卒園式に向かうと聞いていたんですが、まだ保育園に来てないんです。用事はまだ終わってませんか？」

「えっ？　さゆりさん、うちに来てないんですが……」

結局、午後に行われた保育園の卒園式にも、さゆりさんは現れなかった。

すぐに捜索願が出されたが、さゆりさんは見つからなかった。

後日、Hさんは夫の謝罪で和解し、再び同居することになり、借りていた家を引っ越した。

「私がうっかり除霊を頼んだから――さゆりさんが来られないように、生首に行方不明にされたんだと思うの……」

Hさんは、元気なさげにそう話した。

今もさゆりさんは、見つかっていないそうだ。

タコピック

今から十年ほど前。N子さんが大学進学のため静岡から関西へ引っ越して、二週間ほどの頃のこと。

大学のサークルでできた男友達のAが、歓迎会を開いてくれることになった。

「歓迎会いうたら、やっぱぱタコパーやね」

「タコパー？」

「なんや、知らんのかい。タコ焼きパーティのことやないか。君、タコ焼きのセット持ってないいんかい？」

N子さんの以前住んでいた静岡では、タコパーしたことは、なかったことを伝えると、

「しゃあないな。なら今回はお祝いっちゅうことで、俺がセット一式、君に用意したるわ。なら今度の日曜日、君のマンションでな……」

と、口を挟む間もなく、歓迎会はタコパーをすることになってしまった。

翌週の日曜日、N子さんがマンションの自宅で待っていると、予定時間より少し遅れて、

大きな荷物を抱えたAがやってきた。

「鉄板とコンロと材料、買ってたら遅くなってしもうた」

Aは家の中に上がり込むと、キッチンに持ってきたタコ焼きの材料を並べ始めた。

「あの、私は一体どうしたら……」

恐る恐るN子さんが聞き返すと、

「材料の準備は俺がやるさかい、君はテーブルにコンロと鉄板、それとお皿の準備してくれるか?」

N子さんは、言われるままコンロと鉄板の箱を開け、テーブルの上にセットしていった。

キッチンではAが、包丁を使ってタコの足を捌《さば》いている。

続いてお皿をテーブルに並べていると、

「あっ、これも頼むわ」

千枚通しのようなものを二本渡された。訊くとタコ焼きを焼く時に使う、タコピックというものらしい。以前に見たことがあるが、手に持ったのは初めてだ。真新しい二本のタコピックは、柄がピンクのプラスチックでできており、意外と軽くて可愛らしい。

N子さんは、Aのお皿の上にタコピックを並べて置いた。ところがそのうちの一本が転がり落ち、ソファーの下へと入ってしまった。

（いけない、いけない）

慌ててソファーの下を覗き込むが、暗くてよく見えない。

ため息を吐《つ》いて、ソファーの下に右手を突っ込んだ。

手探りで探していると、指先に何かが当たった。

取り出してみると、それは手垢で黒くなった、木の柄の錆びた古いタコピックだった。

驚いてもう一度ソファーの下を覗き込んで目をこらす。ソファーの脚に隠れて、ピンクのプラスチックのタコピックが落ちている。

「なんで……」

当然、古びたタコピックは自分の物ではないし、このマンションに引っ越してきて、まだ二週間。今日まで誰も部屋に入れたこともないので、誰かの置き忘れとは考えられない。

両手にタコピック持って呆然としていると、

「なんや、タコパー知らんて言うてたのに、自分も年季の入ったタコピック、持ってるやないか！」

そう言いながら、Aがタコ焼きの具を運んできた。

歓迎会と称するタコパーを終え、後片付けが済むとAは上機嫌で帰っていった。部屋にはAが置いていた鉄板やコンロなど、タコ焼き道具一式が残された。

その中に例の錆びたタコピックがあった。気を使ったAが、一緒に洗ってくれたものだったが、誰の物かわからない物は、どうしても使う気にはなれなかった。

N子さんは、それをコンビニの袋でぐるぐる巻きにすると、流し台の下に放り込んだ。

四年後、N子さんは大学を卒業し、就職先の近くへ引っ越すことになった。

引っ越し業者が来る前、荷物を整理している時に、ふと、あの流し台の下のタコピックのことが頭をよぎった。

「引っ越す前に捨てちゃわないと……」

流し台の下を開けてみると、振り込んだ時のままのコンビニ袋がある。取り出したN子さんは捨てる前にと、袋の口を開けて中のタコピックを確かめた。

増えていた。

「な、なんで……まさか物質化現象なの？」

袋の中の、錆びた古いタコピックは二本に増えていた。N子さんは、再び袋をぐるぐる巻きに縛ると、それをゴミの日に捨てた。

三階への階段

Aさんは子供の頃、近所に住んでいた親戚のおじさんの家に遊びに行った。

家から、十分ほどしか離れていないことも理由のひとつだったが、一番の理由は、おじさんの家にあった。二階建てのおじさんの家の一階は今は使われていない工場になっていて、見たこともない機械がたくさん置いてあったからだ。

Aさんは、それらの機械がどんな風に使われるのか、想像するのが好きだった。

「今お菓子を用意したから二階に上がっておいで」

一階にいるAさんに向かって、二階のおじさんから声がかかる。待ってましたとばかりに二階へ駆け上がると、ニコニコ笑うおじさんの目の前には、いつもビスケットとココアが用意されていた。

ところが彼が小学校に上がる頃になると、おじさんの様子が少しずつ変わっていった。

二階に引きこもるようになり、Aさんが遊びに来ても、顔を見せなくなった。

心配して二階に上がると、いつも壁の扉の方を向いてブツブツと言っている。あまりの変わり様にAさんが心配して声をかけると、

「そこの扉の向こうには、三階への階段があるんだ。でも決して行っちゃいけないよ」

と壁の扉を指差しながら言う。

「あの扉の向こうには女がいて、人を呼ぶんだ。行ったら、あの世へ連れて行かれてしまうから、近づいちゃいけないよ」

そう言って壁の扉を開けて見せた。しかしそれはクローゼットの扉で、Aさんには三階へ続く階段も、女の姿も見えなかった。


それ以降、Aさんが遊びに行くたび、おじさんは彼を二階に呼んでは、同じ台詞《せりふ》を繰り返し、クローゼットを開けてみせた。

「おじさん、怖いからもうやめてよ」

「ちゃんと見ないとだめだよ。もしおじさんが死んでいたら、あの女に連れて行かれたと言ってくれないと……」

そう言って開けた扉の奥は、いつものクローゼットとは違っていた。

扉の奥は真っ暗で、どこまでも奥があるように見えた。驚いて目を凝らしてみると、奥の突き当たりには三階へ続く階段が見え、そこに座る女の姿があった。

女はこちらに向かって、手招きをするように、右腕を振っている。

引き寄せられるように、Aさんがふらふらと扉に向かって歩き出すと、突然バタンと閉められた。

「だからこの扉に近づいちゃ駄目なんだよ……」

そう言っておじさんはニヤリと笑った。

その日を境に、Aさんの足はおじさんの家から遠ざかった。

あれは幻や見間違いだと思いたかったし、なによりもそれ以上に、おじさんの言動が怖かったという。

そして二年が過ぎた頃、母親からおじさんが死んだと聞かされた。

しばらく連絡がないことを心配したおばさんが家を訪ねてみると、クローゼットの扉の前で倒れて死んでいたという。

机には走り書きのメモが残されており、そこには「あの女が俺に手招きしている。きっと俺はもうすぐ殺されるだろう」と書かれていた。

警察が来て捜査もされたが、死因は心臓発作で事件性はなかったらしい。

「おじさん、どこかの女の人と一緒に住んでいたのかね？　Aは何か知らない？」

母親に訊ねられた時、Aさんはクローゼットの奥で見た三階に続く階段と、そこに座っていた女の話はしなかった。

その後、おじさんの家は取り壊された。

解体現場に立ち会った人の話では、あの家はただの二階建てで、三階はもちろん、クローゼットの扉の奥に階段など造られていなかったという。

内線電話

都内にある屋内型テーマパークでのこと。

その日もKさんは、いつものように閉館後の戸締まりを担当していた。

屋内型とはいえテーマパークはビルの三フロアをぶち抜く形で使用しており、戸締まりだけでも結構な時間がかかる。そのため上と下のフロアから順番に閉鎖し、最後にテーマパークの出入り口がある中央のフロアを閉める手順になっている。

中央フロアは、奥からお化け屋敷、ロッカールーム、駅前広場、土産《みやげ》売り場とエリア分けされている。それぞれが防火扉で区画分けされており、奥から順に防火扉を閉めていく。

いくらアトラクションとはいえ、昼間の賑わいを知っているだけに、ひと気の絶えたこの場所をひとりで戸締まりしていくのは、さすがに怖かった。

急いでお化け屋敷のエリアのチェックを済ませると、防火扉を閉じようと手をかけた。

——プルプルプル、プルプルプル、プルプルプル……

突然、業務用の内線電話の呼び出し音が、彼女のいるフロアに鳴り響いた。

驚いて辺りを見回すと、明かりの消えた突き当たりの壁で、電話の呼び出しランプが明滅している。

（一体誰だろう？）

しかしこのフロアには、もう他に誰もいないはずだ。もしかしたら、戻ってきた誰かが緊急で内線電話をかけているのかもしれない。しかし、点検を終えたばかりのあの暗闇に戻るのは嫌だった。

Kさんは電話を無視すると、防火扉を閉めることにした。

再び扉に手をかけた時だった。

――プルプルプル、プルプルプル、プルプルプル……

今度は、すぐ手前にある内線電話が鳴った。Kさんは慌てて扉を閉めた。

――プルプルプル、プルプルプル、プルプルプル……

防火扉の向こう側で、いつまでも呼び出し音が響いている。

――プルプルプル、プルプルプる、プルぷぅるプル、ぷるぷるぅぷる……

やがて内線電話の呼び出し音は、野太い男の声になった。

Kさんは他のエリアの戸締まりもそこそこに、テーマパークから逃げ出した。

そしてそのまま、このテーマパークを辞めたという。

常連客

Aさんが経営している古本屋には、変わった常連客がいる。

必ず深夜二時に店に来ては、店の奥にあるアダルトコーナーへと入っていく。

ところが、そのまま出てくることはないのだという。

「それって幽霊ですか?」

Aさんの店で昼間のアルバイトをしている出崎は、Aさんの話を聞いて目を輝かせた。

「僕、一度でいいから幽霊とか宇宙人とかを見てみたかったんです。その幽霊、アダルトコーナーで一体どんな本を見てるんですかね?」

出崎はテーブルに身を乗り出しながらAさんの話に食いついてくる。

「こらこら! 幽霊だってプライバシーがあるんだから、そんな無粋なこと聞くなよ」

Aさんは出崎を窘《たしな》めたという。


この話から半年ほど経った時のことだ。急な用事で出られなくなってしまったAさんの代わりに、出崎が深夜の店番をすることになった。

駅から近いため、電車がある間は、ひっきりなしに客が来店するが、終電が終わるとパタリと客が来なくなる。

店内を見渡すと、客も数人しかいない。出崎は壁にかかった時計を見上げた。時間はもうすぐ二時。Aさんの言っていた幽霊がやってくる時間だ。

視線を店内に戻すと、いつ入ったのか、出崎のいるカウンターの前を、ゲームの柄《がら》の入った紙袋を手に男が歩いていく。

男はコミック売り場を通り抜け、躊躇《ちゅうちょ》なく店の奥のアダルトコーナーへと入っていった。

（幽霊来たーーーーっ！）

出崎は小さくガッツポーズを取るとカウンターを離れ、商品の点検をするフリをして、アダルトコーナーへと向かった。

アダルトコーナーの入り口には、赤い大きな目隠しのカーテンがかかっている。

出崎はカーテンを少しめくると、そっと中を覗いた。

アダルトコーナーの棚の前にはさっきの男が立っている。男は手を伸ばすと棚から一冊の写真集を取り出した。そしてそのまま、持っていた紙袋の中へストンと落とした。

「ま、ま、万引きですかぁーーー⁉」

思わずカーテンをめくり、出崎が声をあげた。

その声に驚いたのか、男は出崎の方を振り向くと、気まずそうな笑いを浮かべた。
そして、目の前から煙のように消えたという。
床の上を見ると、さっき男が紙袋に入れた写真集が落ちていた。
出崎のせいでAさんの店は以降、常連客をひとり失った。

ひと間違い

Tさんが郊外のアパートに引っ越して、ひと月ほど経った時のことだ。

自宅で寝ていると、突然、体にドンという衝撃が走った。驚いて目を覚ますと、体がまったく動かない。

（これが金縛りというものか……）

初めてのことではあったが、その時はそれほど驚いてなかった。ところが急に呼吸が苦しくなった。

首元を見ると二本の腕が力任せに、ぐいぐいと締め上げている。呼吸はますます苦しくなり、Tさんは必死にもがいた。

やがて足元から女の顔が現れた。怒りの表情を浮かべ、Tさんの体を這い上がってくる。女はゆっくりとTさんの胸元まで来ると、顔を覗き込んだ。

首を締める力が、一段と強くなる。Tさんの意識が次第に遠のいていく。

（もう駄目だ……）

そう諦めた時だった。

――チガウ！　トナリダッタ……


耳元で女の声が聞こえた。次の瞬間、呼吸は楽になり、金縛りは解けた。

慌てて起き上がると女の姿はどこにもなかった。

翌日、実家の母親に「あんた首に痣《あざ》があるけど、どうしたの？」と言われた。

「なんか、ひと間違いらしいよ」

Tさんは苦笑いした。

本日人身事故あり

今はゲーム会社にいるZさんが、首都圏の鉄道会社で働いていた頃の話だ。

彼は入社してから長い間、都心から遠く離れた地方の駅で勤務を続けていた。ところが入社して五年目に都心のターミナル駅に転属となった。それまでののんびりした日常を過ごしていただけに、これまでの経験や常識が通じないほど朝から晩まで忙しく、逆にそれが新鮮で、毎日が楽しかったという。

そんな中、Zさんは、ひとつ不思議に思うことがあった。それは駅の駅員室の黒板にぶら下げられる紙の札だった。

そこにはマジックで『本日人身事故あり』とだけ書かれている。

それはかなり以前に書かれたものなのか、紙は黄ばんでいて、所々手垢で汚れている。補強のために貼られたテープはとっくに水分を失い、ひび割れていてボロボロになっている。

この紙の札が、人身事故のあった日には、必ず黒板の横に掛けられた。

「自分の駅で起きた事故ならいざ知らず、なんでこんな気分の悪いことを、わざわざこんな札で告知するんだろうと思いましたね」

疑問に思いながらも、Zさんがターミナル駅に転属してから二ヶ月が経った。

その日は、郊外の駅で夜遅く起きた人身事故の影響で、夜のダイヤは大幅に乱れた。最終電車がターミナル駅を出発したのは、出発時間からずいぶん遅れた夜中の二時のことだった。構内の点検と同時に駅のシャッターが下ろされた。

「始発まであまり時間がないでしょ。だからそのまま終業点検に入ったんです」

Zさんは明かりの消されたホームの点検に向かった。

普段であれば一度駅員室に戻ってから、同僚と一緒に点検を行うのが決まりだったが、この日は少しでも早く点検を終えて仮眠を取りたかった。

懐中電灯を片手にひとつ目のホームの点検を終え、隣のホームの点検に入った時のことだった。

——ヴぉい……

どこかで、くぐもった男の声が自分を呼んだような気がした。

(まさか構内に誰か残っているのか?)

辺りを見回したがホーム上には人影は見えない。

——ヴぉおぃ……ヴぉおいってばょお……

声はすぐ足元から聞こえた。どうやら声は電車とホームの間から聞こえる。

とっさに、酔っ払いがホームの下に落ちているんじゃないかと思った彼は、慌ててしゃがみ込むと、電車とホームの隙間を覗き込んだ。ぷんと腐敗臭が鼻をついた。

暗くなったホームの隙間に、何かの塊《かたまり》が見える。

(なんだろう?)

持っていた懐中電灯で照らすと、それは血に染まった肉の塊だった。塊の真ん中には弾《はじ》けて、グズグズに崩れた顔のようなものがあった。

——よヴぉ……こんぶぁんわ……

ライトの明かりに照らされた顔は、口から赤い血を噴き出しながらケタケタと笑った。

Zさんはそのまま気を失った。

「ようやく紙の札の意味がわかりました。事故があった日には、あれが出るんだとね……」

以来、駅員室を出る時は必ず、札が掛かっていないか確認するようにしたという。

現在、このターミナル駅にはホームドアが設置され、電車が停まっている時は、ホームの下を覗くことは容易でなくなっている。

そのため、同様の話は聞かれていないが、もしかしたら今も人身事故のあった日には、あの札が出ているのかもしれない。

ダメージ・ライター

漫画家のFさんが都内で行われているフリーマーケットに古着を買いに出かけた時のことだ。馴染みの店で買い物をした後、ついでに周りの店を覗いてみることにした。古い電気製品や雑貨を売っている店、オリジナルのバッジやアイテムを作って売っている店など様々な店を物色していると、Fさんは一軒の店に目が留まった。

それは古いライターばかりを扱っている店だった。宝石の入った古い年代もののライターから、どこのものだかわからない錆びついたものまで、様々なライターが店頭に並んでいる。その一角に日本でも人気のあるオイルライターが並んでいた。かなり古いものらしく、何かメッセージを彫り込んだ跡や、大きな凹《へこ》みや傷が見える。

「これ、いつの時代のものですか？」

尋ねるとそれまで下を向いていた店の人は、顔を上げてこう答えた。

「そりゃ、ダメージ・ライターっていってね、一九六〇年代のベトナム戦争で兵士に支給されたやつなんですよ。彫られたメッセージは自分の持ち物だっていう印で、傷は戦場で付いたものなんだよ。ビンテージものですよ」

ビンテージものと聞いて少し興味が湧いたFさんは、ライターのひとつを手に取って見てみた。確かに傷のように見えたものは名前を彫ったもので、戦場を潜り抜けてきたのか、細かい傷がライターの周りを覆《おお》っている。

本体に貼ってある値札を見ると、中古価格なのか、ビンテージと言っている割には新品と比べるとかなり割安だ。これなら残った財布の中身でも十分買える。

Fさんは並んだダメージ・ライターの中からそれを手に取ると、代金を店員に渡した。

家に帰るなり、ダメージ・ライターを分解して掃除した。どうやらひどい破損もなく、ライターの発火石と中のコットンを替えるだけで使えそうだ。

(明日にでも近くにある店で買ってこよう)

そう思うと分解中のライターを寝室のテーブル上に置いて、その日は寝ることにした。

真夜中、部屋の中に漂う異様な雰囲気でFさんは目を覚ました。電気を消して薄暗くなった室内を見渡すと、ダメージ・ライターを置いたテーブルの前に、大柄な人影が見える。

(泥棒?)

そう思いながらベッドの上で目を凝らすと、その人影が野戦服を着た短髪の男だとわかった。男はFさんの方には目もくれず、じっとテーブルの上を見つめ佇《たたず》んでいる。

（そういえば以前、払い下げの軍服に幽霊が憑《つ》いていた話を、どっかの本で読んだな……）

そんなことが、ふと頭の中でよぎったが、猛烈な眠気に誘われ、Fさんはそのまま眠りに落ちた。


翌日、メンテナンス道具を買い揃えると、Fさんはダメージ・ライターを修理した。

「これで変なことが収まってくれるといいんだが……」

そう願いつつテーブルの上にライターを置いたが、その夜も目を覚ますと男は立っていた。男は毎晩のように現れ、その度にFさんは目を覚ました。

（おそらくライターを身につけていた兵士は、ベトナムで亡くなったに違いない）

そう思うと幽霊が怖いというより哀れでならなかったが、毎晩起こされるのはたまったものではない。

ライターを置く場所を変えれば良いのかもしれないが、今度は家族に迷惑がかかってしまう。

「あのさぁ、こないだフリマで古いライターを買ってきたんだけど、僕には合わなかったみたいだから、これ君にあげるよ」

そう言ってFさんは野戦服の男の話は話さずに、幽霊とはよほど無縁そうなアシスタントにダメージ・ライターをプレゼントした。

アシスタントは、先生からの贈り物を喜んで受け取ったが、しばらくして原因不明の体調不良で、スタジオを辞めてしまったという。

無言電話

「お盆あたりからかな、頻繁にいたずら電話が掛かってくるようになりましてね……」

Lさんは、駅前で自社物件を扱う不動産屋をしている。

これまでも、仕事柄たまにいたずら電話はあったが、今度ばかりは腹に据えかねていた。

それは無言電話で、こちらがいくら話しかけても応答せず、突然ぷつりと切れてしまう。

そんな電話が、日に十数回も掛かってきた。

事務所の電話は、一回線だけ。こんな電話ばかりだと仕事にならない。

「そこで、少しでも相手の素性がわからないかって、様子を見ることにしましてね」

ほどなくして、事務所に無言電話が掛かってきた。

「……もしもし？」

〈…………………………〉

相変わらず返事がない。

Lさんは受話器に耳をぴったり付けると、音に耳を澄ませた。

受話器の向こうから、微《かす》かに換気扇のようなモーター音が聞こえる。

しばらくの間、相手の出方をうかがっていたが、間もなくして電話は切られた。

しかし、何度か聞いているうち、時々踏み切りの音が聞こえることに気づいた。

(たぶん、この沿線辺りに住んでいるヤツだろう……)

Lさんは、最寄りの交番に「いたずら電話で、業務に支障が出て困っている」と相談した。


すると後日、警察署からいたずら電話の件で、出頭して欲しいと連絡があった。

「無言電話の主の個人情報をお教えするには、被害届を書いて頂きますが……」

ふたつ返事で即答すると、渡された用紙には、ハマダという店子《たなこ》の名前。

早速、ハマダに電話を掛けたが、呼び出し音だけで一向に電話に出ない。

仕方がないので、部屋を直接訪ねることにした。

ハマダの部屋の前に立つと、ドアのポストに色々なものが突っ込まれている。

その瞬間Lさんは、あっと思った。

警察立ち会いの下、部屋の中に入ると、案の定ハマダは死んでいた。

「店子さんなりのアピールなんでしょうけど、せめてひと言くらいはねぇ……」

Lさんは、今も無言電話を取る度に、肝を冷やすという。

かわいいですね

「あの時は本当にひどい有様だったんだよ……」

自衛隊に勤めていたCさんは、当時配属されたばかりの部隊で上官のIさんからこんな話を聞かされた。

それはCさんが配属される半年ほど前の夏の夕方。東京から大阪へ向かっていたジャンボ機が、突如レーダーから消える事件が起こった。

最後に機影が映っていたのは群馬県と長野県の山間部。そこにジャンボ機が墜落した可能性が高いと予測された。

Iさんの駐屯地が予想される現場に一番近く、山岳の特殊任務には最適とされ、夜には彼らの部隊に墜落場所発見、生存者を救助するよう命令が下りた。

すぐに現地へと向かったが、場所は地元の人でも滅多に入らない山の奥。

当時はGPSも衛星写真もない時代で、あるのは周囲の村からの目撃情報と捜索ヘリからの情報だけ。それが時折無線機から聞こえてくる。事故現場を捜索するのは至難の技だった。

ようやくのこと、彼らが墜落現場に到着したのは夜が明ける数時間前のことだった。現場はひどい惨状で、必死の救助活動もむなしく、多くの乗員乗客が犠牲となった。

結局Iさんたちの任務は、遺体や破損した機体を搬出するためのヘリポートの設営もしなくてはならず、ようやく駐屯地に戻れたのはそれから一週間以上も経ってからのことだった。

(とりあえず現場のことは忘れよう……)

このまま駐屯地にいても、あの惨状を思い出してしまう。

Iさんは駐屯地に戻るなり、風呂に入り、現場で染み付いた体のにおいを落とすと、部下を連れて行きつけのスナックへと向かった。

「ヤッホー、ママ久しぶり!」

「あら、Iさんお久しぶり。皆さんもこちらへどうぞ」

Iさんたちは奥のボックス席に腰を下ろし、呑み始めた。せめて呑むことで、体を酒で清めたかった。久しぶりのアルコールにIさんたちは大いに盛り上がったという。

そんな中、ふと気づくとIさんの左隣の席がぽっかりと空いている。

普段ならば両脇の席に女の子が座って、あれこれと世話を焼いてくれる。周りでは女の子たちが、座席を入れ替わり立ち代わり移動しながら、部下たちの対応をしている。

ところが自分の左隣には誰もやってこない。

（やっぱり現場で染み付いたにおいが、まだするのかな……）

そんなことを思っていると、右隣に座っていたママがIさんの左側を覗き込んで、

「すごくかわいいわね」

と言う。子供に話しかけているようなママの話し方に、違和感を覚えた。

気になりつつママの視線を追うと、左側のテーブルの上には、いつ置かれたのかジュースの入ったコップがひとつ置かれていた。

その日からIさんの周りでは奇妙なことが続いた。ひとりで食堂や喫茶店に入っても、決まって水がふたつ運ばれてくる。また、混雑している電車やバスの中でも、彼の左側の席には誰も座ろうとしないのだ。極めつけは歩いていると見知らぬ人に「かわいいわね」と声をかけられるようになった。

どうやら自分の左側には見えない何かがいる。さすがにこれには、部下から「鬼」と呼ばれているIさんも参ってしまった。

ある日、駐屯地で自分の部下を捕まえると、左側に何がいるのかと問いただした。

「じ、自分は見えてないので……」

「自分は見えてないって、じゃあ誰が見たんだ！」

怯える部下を詰問すると、

「聞いた話ですが、小さな女の子が、憑いて歩いているのを何人かが見たと……」

そう答えた。

「小さい女の子？　それはいつからだ？」

「あの事故処理から帰ってきてからだと……」

その時Iさんは思い出した。あの事故現場にたどり着いた時、瓦礫《がれき》の中から最初に抱き上げたのが、既に事切れていた小さな女の子だった。あまりの無常に涙が止まらず、しばらくの間その場で立ち尽くしていたことを――。

Iさんは近くのお寺で少女の魂を手厚く供養してもらった。四十九日の日、Iさんの耳元で「ありがとう……」という声が聞こえたような気がした。

以後、彼の周りで不思議なことは起こらなくなったという。

この話は一九八七年、自衛隊の山岳レンジャーに配属された友達のCさんが話してくれた。まだこの頃は、この話も彼らの部隊だけで語られており、事故から一年も経っていなかったので、事故に遭われた方やご遺族のことを思い、二十年以上も封印してきたのだ。その後、この事故を題材とした小説や映画『クライマーズ・ハイ』でも、亡くなった子供を抱えて泣いている自衛隊員の描写が出てきており、これが改めて事実なのだと感じさせられた。

今では自衛隊内でも語られている話で、取材した多くの隊員の方がご存知だった。

あれから三十五年あまり、二度とこんな悲しい事故が起こらないことを祈っている。

交差点の女

Mさんが以前住んでいたマンションの側に五辻の交差点がある。

昔から通っていた道路を遮《さえぎ》るように国道が作られたため、それを迂回するため、このような複雑な交差点ができたらしい。そのため信号は短い間隔で赤に変わり、通り抜けるまでに、かなり時間がかかる。

その日もいつものようにMさんは、夜遅く車でこの交差点に差しかかった。歩く人もいない前方の交差点には、煌々《こうこう》と赤い信号が灯っている。

ところがその夜に限って、道路脇の電信柱に人影が寄り添っているのが見える。ブレーキを踏みながら交差点に近づいていくと、それは長い髪を垂らした四十代くらいの女性だった。姿格好からして近所に住む主婦のようだ。

交差点は歩道が細く複雑なため、普段から歩行者は少ないが、こんな夜更けに人を見るのは珍しい。

女はこちらを気にすることなく、時折車の通る交差点の中心をぼんやり見つめている。

（こんな夜中に誰かを待っているのだろうか？）

目の前の信号が青に変わるのを見計らい、アクセルを踏み込みながら女の横を通り過ぎようとした時、不意に女の頭がフロントガラス越しにこちらを向いた。

目を合わすのは失礼だと思ったMさんは、とっさに視線をそらすと、そのまま交差点を走り抜けた。


マンションに着き自分の部屋に戻ったが、Mさんはあの女が気になって仕方なかった。

(こんな時間に誰を待っていたんだろう？　もしかしたら家出なのか？　それとも何か別の理由があるのか？)

それは、ただの好奇心だったが無性に確かめずにはいられなかった。Mさんは窓を開けベランダに出ると、マンション下に見える五辻の交差点を見た。

そこには交差点のオレンジのランプに照らされた女の姿があった。さっきと同じ場所に立ったまま交差点の中央を見つめている。

(気味が悪いなぁ)

Mさんがそう思った瞬間、気づいたかのように女がこちらを振り向いた。Mさんは慌ててしゃがんで姿を隠すと、部屋の中へと戻った。

それから数日後のこと。Mさんは深夜に再び交差点へと差し掛かった。見ると電信柱の脇にまたあの女が立っている。ところが今度は、交差点の中心ではなく、待っていたかのように自分の車をじっと凝視している。明らかに運転席にいる自分のことを見ているのだ。

信号は青から黄色に変わろうとしていた。

「えい、ままよ」

Mさんは女と視線を合わさないように頭を下げると、アクセルを踏み込み一気に交差点を抜けた。バックミラーを覗くと、女がじっとこちらを睨《にら》んでいるのが見えた。

怖くなったMさんはマンションまでかなり遠回りになるが、翌日からこの道は使わないようにしたという。

それから数年が経った。

Mさんは仕事の都合で地方に転勤をすることになった。長年住み慣れたマンションも引き払うこととなり、慌てて引っ越しの準備もしたという。

ところが、翌日引っ越しだというのに、まだすべての荷物がまとまっていない。加えて引き継ぎやら何やら仕事に手間取り、家路についたのは深夜二時を過ぎていた。

（早く帰らなきゃ）

明日の朝までにはもう時間がない。急いでマンションに向かっているうちに、気づくと車はあの五辻の交差点を通るルートを走っていた。

（ヤバい……でもあれから随分経つし、もうあの女もいないだろう）

そう思って彼は交差点に向かって車を走らせた。オレンジ色のランプに照らされてあの交差点が見えてきた。正面の信号が青く光っている。

ところが交差点に近づいていくうちに、あの電信柱の下に女が立っているのに気がついた。

（まさか！）

女はじっとこちらを向き車の中のMさんを睨みつけている。

Mさんはアクセルを踏み込むと一気に交差点を抜けようとした。車はグングン加速し交差点に近づいた時だった。

それまで青だった信号が突然赤に変わり、横合いから大型トラックが交差点に侵入してきた。

（危ないっ！）

慌てて急ブレーキを踏むと、車は甲高《かんだか》い音を立てながら停止線を少し超えたところで止まった。

車のすぐ左には電信柱が見え、そこにはあの女が立っている。女はゆらゆらと体を前後に揺らしながら車に近づいてくると、助手席の窓から中を覗き込んでくる。

(早く、早く信号変わってくれ)

しかしMさんの願いに反して、信号はいつまで経っても青に変わってくれない。

女はガラス窓に顔を近づけ、髪を振り乱しながら必死に中を覗き込んでいる。

Mさんの額からは汗が噴き出し、幾重もの筋となって頬を伝っていく。

——ミエテルンダロ……コッチヲミロ

突然、Mさんの耳元で潰れた女の声がした。慌てて助手席の方を見ると、女の姿がぐにゃりと歪んだ。そしてフロントガラスへと回り込むと、両手を伸ばした。

次の瞬間、女の腕と体がフロントガラスを通り抜けると、伸ばした腕でMさんの頭を掴んだ。そして自分の顔にグイッと引き寄せた。

——ナゼワタシヲミナイ……

女の顔がすぐ数センチ手前に迫ってくる。

目は白く濁っていて、長く黒い髪が揺れている。その髪の間から割れて頭蓋骨がむき出しになった額が見えた。Mさんはそのまま意識を失った。

気づいたのは警察官の声だった。長時間交差点から動かないMさんの車を不審に思って声をかけたのだという。幸いなことに、その時女の姿は消えていた。

転勤した後も、Mさんは交差点にたたずむ女性を見ると、反射的に鳥肌が立つという。

約束

　Nさんが子供の頃、ちょうど太平洋戦争は激戦となり終盤に差しかかっていた。

　日々近所の男性が召集令状で戦場へと駆り出され、村のどこかでは毎日必ず誰かのお葬式が行われていた。Nさんは子供ながらに、早く戦争が終わって欲しいと、毎日思っていたという。

　ある日、学校が終わり、いつものようにひとりで家に向かって歩いていると、隣の家の玄関の前に兵隊が立っているのが見えた。

　ボロボロの野戦服にゲートルをまいた男は、下を向いたままじっとうつむいている。

（あっ、けいすけさんだ！）

　それは南方の戦地に赴いているはずのこの家の長男だった。

（無事に帰ってきたんだ！）

　よかったと思って声をかけようとすると、兵隊はうつむいたまま玄関も開けず家の中へスーッと入っていった。

　夜になってNさんがこのことを話すと、

「その話は、絶対隣の家の人には言っちゃいけんよ」

と母親が言った。

その数日後、隣の家で葬式が行われた。出征していた長男が南の島で戦死したとのことだった。


それから間もなくのこと。その日も学校からひとりで戻ると、自分の家の玄関の前に兵隊が立っている。ボロボロの野戦服にゲートル姿。隣の家で見た兵隊の姿とよく似ている。と、同時にNさんは出征している自分の兄さんのことが頭に浮かんだ。

「あんちゃん、家に入っちゃいけん！」

思わず兵隊に向かってNさんは大きな声をあげていた。

次の瞬間、兵隊はこちらを見ると煙のようにスッと姿を消した。一瞬だけ見えた横顔は、兄のそれとは違っていた。


ほどなくして戦争も終わり、Nさんの兄さんは無事戦地より戻ってきた。戦地では何度もダメかと思ったが、必ず生きて帰ろうと仲間と励ましあったのだという。

Nさんは家の前に立っていた兵隊の話をした。

兄さんはその話をじっと聞いた後「それは多分、友人の平田だ」と言った。

戦場で常に一緒だった平田とは、生き残って国に帰れたら、お互いの実家を訪ねようと約束を交わしたのだそうだ。しかし敵の攻撃を受けながら退却している最中にはぐれてしまい、それ以降連絡がつかないのだという。

「そうか……あいつ俺の家に来てくれたのか……」

Nさんのお兄さんは、そう嬉しそうに笑いながら、目を潤ませていたそうだ。

録音ブース

女性声優のHさんは、二日間にわたるゲームの声録りのため、都心にあるゲームスタジオへ出かけた。

そこは高層ビルの一角にあり、中には立派な自社用録音スタジオが作られていた。録音スタジオは調整室と録音ブースに分かれており、ふたつは大きなガラスの窓で仕切られている。

Hさんは事前に預かっていた台本を確かめると、録音ブースへと入った。ヘッドフォンを掛けマイクテストをしていると、ヘッドフォンからざわざわと多くの人の話し声が聞こえた。調整室からの指示はすべてヘッドフォンと手元のマイクでやり取りをする。

Hさんは顔を上げ、ガラス越しに調整室の中を覗いた。しかし調整室には数人のスタッフしかおらず、話し込んでいる様子もない。どうやら聞こえる声はどこかから紛れ込んだノイズのようだ。

電波塔の近くや、近くで強い無線などが使われると、時折こんなことがある。

「すみません、ヘッドフォンからノイズが聞こえるんですが……」

Hさんがそう伝えるとスタッフのひとりがブースへと入ってきた。

「またですか……」

そう言うと、スタッフは、ブースの壁に立てかけてあった一本の金属棒に手を伸ばした。そして右手に掲げた金属棒を、ブースの中であちこちに動かし始めた。調整室からは、そこじゃない、そこでもないと、スタッフへ指示が飛んでいる。

Hさんは訳もわからず、しばらくの間、呆然とその様子を眺めていた。五分ほども経った頃だろうか、調整室から「そこだ」と指示が入ると、スタッフは持っていた金属棒をマイクスタンドにあて、ガムテープでぐるぐると留めた。

「はい、今日はこれで大丈夫なはずです」

そう言ってスタッフはブースを出ていく。

狐につままれたような面持ちのHさんだったが、再びヘッドフォンをつけると人の話し声は聞こえなくなっていた。


翌日、同じブースに入ると、またヘッドフォンからザワザワと人の声が聞こえた。

「あの、今日もまた話し声が聞こえるんですけど……」

Hさんが調整室に伝えると、再びスタッフがブースへと入ってきた。

昨日と同じ、立てかけてあった金属棒を持ち出すと、しばらくの間部屋の中をぐるぐると回り、ほどなくして今度はテーブルの脚に金属の棒を縛り付け、「今日はこれで大丈夫なはずです……」と言ってブースを出ていった。

確かにヘッドフォンからは人の話し声は消えていた。

収録後、あまりにも異様なものを見たので「やっぱり電波か何かですか？」と尋ねてみると「毎日のお祓いみたいなものです」とスタッフは答えたそうだ。

収録は無事終わり、ゲームは予定通り発売されたそうだ。


この話は都心の高層ビルでの話だ。

当時はこのビルにはラジオの放送局も入っており、このスタジオでも多くのトラブルがあったという。放送に話し声が混じってしまったり、誰もいない待機室に人影が見えたり、さっきまでいたはずのスタッフが消えていたり——大変だったそうだ。

この高層ビルは、建てる前から敷地の一部に心霊スポットと呼ばれる場所があったり、江戸時代や太平洋戦争時には禍々《まがまが》しい事件が起こったりと、いわくのある土地に建っている。

はたして録音ブースで聞こえた声は、誰の声だったのか？　それは今でも解明できていない。

最後の映画

今から七十年ほど前、当時二十代だったIさんは、地方の漁村にある映画館で働いていた。

戦後間もない時期で、娯楽に飢えていた人が殺到し、映画館には朝から夜までひっきりなしに客が詰めかけたのだという。当時は入れ替え制というものがなく、一度劇場に入ってしまえば一日中映画を見ることができる。しかも、食べ物やアルコールを持ち込んでくる者もいるため、中で酔い潰れたり、寝込む者が度々いたという。


その日も慌ただしい一日を終え、掃除をするため、客のいなくなった場内にIさんはひとり入っていった。当時は今と違ってマナーが徹底されておらず、床には一面に食べカスやゴミ、飲み物の瓶などが放置されている。

(やれやれ、今日もひと仕事だな……)

そう思いながら手に持ったゴミ袋にゴミや空き瓶を放り込んでいると、後方の席でひとりの客が寝込んでいるのに気がついた。

着ている格好やゴムの長靴を履いているところを見ると、おそらく地元の漁師に違いない。

かなり熟睡しているのか、男はうつむいたままで、動く気配がない。

近くに行って起こしてもよかったが、ヘタに声をかけると喧嘩になることも少なくない。

Iさんはすぐには男を起こさず、掃除が終わるまでの時間、寝かせておくことにした。

場内の掃除中、時折後ろを向いて様子を伺うが男は相変わらず、うつむいたままで微動だにしない。


一時間ほどの掃除があらかた終わり、Iさんが後ろを振り向くと、さっきまで寝ていたはずの男の姿が見えない。

(寝ぼけて、そのまま通路に転がったのかな?)

そう思ったIさんは、慌てて男のいた席のそばの通路を覗いたが、男の姿はない。

近寄って座席に目をやると、足元の床の上に大きな水たまりがある。覗き込んで座席に手をかけるとぐっしょりと濡れていた。

(やられた! 小便しやがった!)

そう思ったIさんは場内を飛び出すと、映画館の館長の元へと向かった。

Iさんの報告を聞き、一緒に場内へとやってきた館長は、座席を見るなり「こりゃ小便じゃないよ」と言った後、小さな声で「そうか……観に来たのか」と独り言を言った。

その後すぐに「お前はもう帰っていいから」とIさんに言うと映写室へと消えていった。帰りがけにIさんが場内を見ると、中の明かりは消され、スクリーンにはその日にかかっていた映画が流されていた。

翌日、映画館へ向かおうとして外へ出ると、港が蜂の巣をつついたような大騒ぎになっていた。聞いてみると、港を出た船が昨日の夜に転覆して、船員のひとりがまだ見つからないのだという。

映画館に着くと館長が、

「昨夜みたいに仏さんが映画を観にくることがあるから、その時はすぐに私に声をかけるように……」

とIさんに言った。

その日の夕方、行方不明になっていた船員は遺体となって見つかった。

幸いなことにそれ以降、Iさんが夜の場内で死者を見かけることはなかった。

しかし時折、誰もいなくなった真夜中の場内で、映画が流されていたのをIさんは今でも覚えているという。

この話は私の父親の若い頃の話だ。さらに館長は祖父で、この頃は付近にあった三軒の映画館を含め計七軒の映画館を経営していたとのことだ。

舞台となったのは新潟県で、まさに映画『ニュー・シネマ・パラダイス』のような、小さな町にある海岸沿いの映画館だった。映画館の裏手を行けば五分もせずに海岸で、日本海の荒波が砂浜に打ち寄せているのが見られる。

かつては映画が大変人気で、入場料の紙幣を受け取っては足元の灯油缶に投げ込んで、溢《あふ》れないよう上から足で踏みつけていたという。

劇場に現れた幽霊の話は、父親がまだ下積みをしていた時代の話だそうで、その後映写技師の資格を取り、祖父に代わってこの映画館の館長となったそうだ。

残念ながら父親は、これ以降、館内で幽霊を見ることはなかったそうだが、祖父は度々見かけては、亡くなっている人のために映画をかけていたという。

今思えばもう少し詳しく聞いておけばよかったと思うのだが、父が鬼籍の人となった今、それも叶わぬこととなってしまった。

駐車場の女

かつて警備員だったBさんは、都内港南地区にある高層ビルを担当していた。

都心からほど近いこのビルには、数多くの有名テナントや世界的な大手企業も入っており、地下には都内でも指折りの広い駐車場を備えていた。

Bさんの担当は、地下駐車場を含めたビル全体の警備であり、定期的に巡回もしていた。


その夜もBさんは決められた時間になると、詰所である防災センターを出て巡回に向かった。上階の大企業やテナントの並ぶフロアを点検すると、次のポイントである地下の駐車場へと下りていく。

深夜の駐車場には駐められている車もひと気もなく、がらんとしている。コンクリートには自分の靴音だけが響き、周りの壁に当たって不思議な反響音になって聞こえる。

あらかじめ決められたポイントの点検を終えると、壁に設置された警備パネルの元へと近づいていく。

彼はパネルの受話器を手に取ると、点検結果を防災センターへ報告した。

報告を終え受話器を置くと、Bさんは目の前のモニターに映し出される防犯カメラの映像に目をやった。モニターには、定期的に切り替わる駐車場内各所の映像が映し出されている。

何回目かの映像が切り替わった後、画面に自分の姿が現れた。背後から警備パネルの前に向かっている自分の姿を、天井に設置されたカメラが映している。

(おや?)

その自分の少し後ろに女が立っているのが見える。両手を広げたコート姿の女が今まさに自分に覆いかぶさろうとしている。

(わぁっ!)

Bさんは声をあげると、振り返りながら後ろに飛びのいた。背中にゴツンとパネルの受話器が当たる。

しかし周りには、女の姿どころか人影すらない。自分のすぐ後ろに女が迫っていたはずだった。

向きなおしてもう一度モニターを確かめたが、やはりどこにも女の姿はない。

Bさんはその後の巡回中も女の姿を探したが、女が見つかることはなかった。

(気のせいにしても気味が悪い。今日はさっさと終わらせてしまおう)

彼は急ぎ足で駐車場を出ると、次のポイントである一階の駐車場管理室へと向かった。

管理室へ入り、急ぎ点検を終えると、壁にある防犯パネルへ向かった。パネルには一階のカメラが捉えた映像が映し出されている。さっきの直後だけに、注意深く映像を眺めていると画像が切り替わり、彼の後ろ姿が映し出された。

しかし今度は周りに誰も映っていない。ほっと胸を撫で下ろした次の瞬間だった。

――ブルルルッ、ブルルルッ、ブルルルッ、ブルルルッ

突然パネルの受話器から、呼び出し音が響いた。しかしまだこの管理室からは、防災センターへ点検終了の連絡は入れていない。

もしかして緊急事態でも起きたのだろうか?　彼は受話器を手に取った。

ピッと電子音がしてモニターの画面が通話先のものに切り替わった。そこには地下駐車場が映っていた。

がらんとした地下駐車場が見える。おそらくそこの警備モニターからの画像だろう。

薄暗くなった駐車場の奥に、ゆらゆらと揺れるコート姿の女の姿が見えた。

間違いなくあの時、自分に覆いかぶさろうとしていた女だ。

『キテクダサイ……』

受話器から女の声がした。

Bさんは受話器を放り出すと、管理室を飛び出して、防災センターへと脱兎《だっと》のごとく逃げ帰った。

後日、あの夜のモニターの記録を確認すると、確かに女の姿がビデオには映っていた。ところが他のカメラのどこにも女は映っておらず、どこから来てどこへ行ったのかはわからなかった。

Bさんはすぐに転属届を出した。以後、地下にある駐車場には近づかないようにしているとのことだ。

併走するもの

ゲーム会社時代に、出入りしていたDさんに聞いた話だ。

その夏、Dさんは中古のワゴン車を購入した。

「決め手はね、いろいろなオプションだったんですよ」

車には、以前のオーナーによる、追加で買うと何百万円もするようなオプション装備が付いていたという。しかも運転が苦手な彼にとっては、ワゴン車のそばに障害物が近づくと、バンパーに付けたセンサーが危険を知らせてくれるという『ガイドセンサー』が付いていたことはありがたかったという。

ある日の夜、Dさんは商談を終えると、東金道路を東京方面へと向かって走っていた。真夜中ということもあってか、今日は不思議と周りに自分以外の車が走っていない。

(これなら少し飛ばしてもいいか……)

Dさんは車のアクセルを踏み込んだ。スピードはグングンと上がり、やがて速度計は一〇〇キロを指し示した。

——ビピピピッ、ビピピピッ、ビピピピッ

突然、障害物の接近を知らせる警告音が鳴り始めた。モニターを確かめると車の左後方でセンサーが反応している。

(バイクでも近づいてきたかな?)

Dさんはバックミラーで左後方を確かめた。しかし、道路は真っ暗で辺りに車はなく、ヘッドライトの光すら見えない。

(センサーに泥か虫でも跳ねたのかな?)

そう思うと再び視線を前方に戻した。

——ビピピピッ、ビピピピッ、ビピピピッ

再び警告音が鳴り始めた。今度は、車後方のセンサーが反応している。

——ビピピピッ、ビピピピッ、ビピピピッ

今度は車の右後方のセンサーが鳴り始めた。

——ビピピピッ、ビピピピッ、ビピピピッ

接近反応を示す表示は、左から右、右から左へと左右に揺れている。これはどう考えても泥跳ねや、虫の類とは思えなかった。

——ビピピピビピピピビピピピピビピピピッ

警告音の間隔は狭まり、障害物が車のすぐ数センチまで迫っていることを伝えている。

当然、車の前方は真っ暗で、近づいてくる車やバイクのヘッドライトも見当たらない。

——ビピピピビピピピビピピピピビピピピッ

やがてセンサーの反応は、車の周りを時計回りに回り始めた。見えない何かが一〇〇キロで走っている車のすぐそばを、ぐるぐると回りながら並走している。

ハンドルを握るDさんの手が震えた。

——ビピピピビピピピビピピピピビピピピッ

しばらくそのまま走っていたが、やがて前方に料金所の明かりが見えてきた。するとそれに反応するように、センサーの反応は消え、それ以降、鳴ることはなかった。

月明かりの下で

二〇〇〇年代前半、当時外資系企業に勤めていたGさんたちは、会社の命令でアフリカのS国へ向かうことになった。

命じられたのは埋蔵している天然資源の調査で、石油や天然ガス、その他レアメタルなどの資源などがあるかどうかを調べて、採掘のための報告書をあげるというものだった。

日本から何人かの社員が現地に向かうと、それぞれが分かれて現地スタッフと合流。自分が担当する地域へと散っていった。

Gさんも早速自分が担当する地域に向かうと調査を始めた。

現地スタッフが手配した車に乗って、指定された地域を順番に調査していく。ところが今回は、思うような資源はなかなか見つからない。

(この地域は何もないかもしれないわね……)

本来ならば何かの手応えはあるのだが、今回は調査を始めて数日が経っても成果はなかなか上がってこなかった。

日付はどんどん過ぎていき、指定された地域も、そろそろ半分が終わろうとしていた。

そんなある日のこと。その日はいつもより調査に手間取り、終了が予定よりもずいぶんと遅い時間になってしまった。日はとうに暮れ、ひたすら続く草原には月明かりに照らされた一本道だけが延びていた。

「今日は頑張りましたねぇ」

運転席に座る現地のガイドが少し嫌味交じりに、Gさんに向かって話しかけた。

「明日はその分、朝は少し遅くていいわよ……」

車はスピードを上げながら、草原の中を黙々と走っていった。

定宿のある村まで、あと数キロのところへ戻ってきた時だった。

突然、走っていた車が振動を起こすと、そのまま道の上で動かなくなってしまった。

「……すみません。今日は走りすぎたんで、ガス欠ですね」

とガイドは悪びれずに言いながら車を降りて、ボンネットを開けた。

「車は明日の朝に取りに来ますんで、ここから村まで歩きましょう」

申し訳程度に頭を下げると、ガイドは村の方向を指した。

確かに草原の真ん中にガソリンスタンドがあるわけもなく、Gさんは渋々夜道をガイドと歩くことにした。

草原を走る一本道は他に通る車もなく、ふたりはとぼとぼと村に向かって歩いていく。周りを見渡すと遠くに数本の木が見えるだけで、地平線の彼方までひたすら草原が続いている。この道を何日も走り、見知っているとしても、とてもこの先に村があるとは思えない。

足元を見ながら歩いていると、突然道の先に人の気配を感じた。頭を上げると遥か道の先に大勢の人の影がある。人影はまっすぐこちらに向かってくる。

（こんな時間にあの人たちはなんだろう？　というより、あれだけ多くの人たちはどこからやってきたんだろう？）

疑問を感じ周りを見渡したが、草原には人がいたような建物や窪地などは見当たらない。当然膝の高さほどもない草むらには隠れられるはずもない。

やがて影が近づいてくると、その姿がハッキリと見えてきた。影はおよそ百人ほどで、大人から子供まで老若男女がいる。これだけの群衆ならば話す声が聞こえたりして、そこそこ賑やかなはずなのだが、全員がうつろな表情で俯きながら黙って歩いている。

「ねえ、今日はお祭りかなんかあるの？」

横を歩いていた現地ガイドに、Gさんが尋ねたが返事が返ってこない。

横を見ると彼は、道の上で立ち止まったまま、小刻みに全身を震わせている。

「うわぁぁぁぁ……！」

泣き声とも、悲鳴ともつかない叫び声をあげると、ガイドは頭を抱えその場にうずくまった。

やがて群衆がGさんたちのところまでやってくると、道の上のふたりを避けるように左右に分かれた。群衆がゆっくりとふたりの横を通り過ぎていく。その誰もが、うずくまっているガイドのことをなぜか睨みつけている。

「うわぁぁぁぁぁぁぁぁぁぁぁぁぁぁぁ！」

突然ガイドが立ち上がると、群衆をかき分けるようにして、一本道を村の方へと走っていく。Gさんもガイドを追って走り始めた。

「どうしたの？　何があったのよ？」

追いかけながら必死でガイドにSさんが声をかける。

しかしガイドは止まる様子を見せない。

「ゴースト！　ゴーストだよ！」

「ゴースト？　……幽霊？」

その言葉にGさんが思わず立ち止まり振り向くと、草原の一本道からは群衆の姿は消えていた。

ガイドに置いていかれ、ようやくのことで村の定宿にたどり着くと、Gさんは出てきた宿の主人に、草原で今あったことを話した。

頷きながら黙ってそれを聞いていた宿の主人は、辛そうな顔をしながらこう語った。

「十年ほど前の話です。この国の内戦で我々の部族を、敵対する部族が草原で一方的に殺しましてね……それはひどい有様でした。おそらく今夜あなたが見たのは、彼らのゴーストだと思います」

翌日、逃げ出したガイドは、その殺した側の部族の出身者だったということがわかった。

あの夜に見たことを思い出すと、Gさんは今でもいたたまれず、悲しい気持ちになるという。

階段

Rさんは以前、練馬にあるイベント会社に勤めていた。社屋は線路沿いに建っており、三角形という珍しい形だった。入り口は三角形の頂点側にあり、主だった事務所は底辺側にある。そのため、入り口を入ったところに来客用の階段、建物奥に社員向けの広い階段がつけられていた。

ところが社員の多くはなぜか、社員用の階段は使わず、入り口側の階段ばかりを利用していた。

Rさんがその会社へ入社したばかりの頃。珍しく昼間から長い打ち合わせが続いた。ようやく終わったのは夜遅くだった。

(うわっ、もうこんな時間。早く荷物を取って帰らなきゃ)

三階にある打ち合せ室を飛び出すと、目の前にあった社員用の階段を駆け下りた。

他の社員はとっくに帰ったらしく、廊下も階段も電気が消されている。

月明かりの中、二階に向かう踊り場を曲がると、階段の真ん中にこちらに背を向けた女がいる。今時見ないグレーの事務服にチェックのスカート。その女が両腕を力なくぶらりと垂らし、つま先立ちで、ふらふら左右に揺れている。

「お疲れ様です！　どこか調子でも悪いんですか？」

てっきり社員だと思っていた彼は、声をかけた。横を通り過ぎる時、何気なく顔を覗いた。ところがそれは彼の知らない女性だった。

「いえ、大丈夫です……」

ひどく落ち込んだ声で、とても大丈夫そうには聞こえない。

「それより私、また先生に怒られてしまって……」

顔面蒼白で、女は今にも泣き出しそうだった。

先生という言葉に引っかかったが、こんな場合、余計なことを言うと落ち込ませたり、逆ギレされたりするかもしれないと思った彼は、それ以上女には声をかけず階段を下りると、自分の荷物が置いてある二階の総務室へと入った。そこへ少し遅れて、さっきまでの打ち合わせで一緒だった先輩が入ってきた。

「おっ！　R早いな。もしかして社員用の階段を使ったのか？」

「ええ、会議室からは一直線ですし。何でですか？」

「あそこには、幽霊が出るって俺言わなかったっけ？」

そう先輩が答えた。

後に聞いた話では、社屋の立っている場所には以前、裁縫学校が建っていたという。都内でも有名な裁縫学校で、昭和三十年代から四十年代には数多くの生徒が通っていた。ところがそんな学校である事件が起きた。講師に叱られた女学生が、教室で首を吊ったのだ。それ以降、教室に女学生の幽霊が出ると噂になり学校は廃校となった。その後、建物を購入したRさんの会社がそこを社屋として使っていたが、教室だった部屋に女学生が出るという噂は続き、建物は解体。Rさんが入社する数年前に、新しい社屋が建てられた。

首吊りのあった教室の場所には、社員用の階段が作られ、これで安心かと誰もが思ったが、女学生は引っ越し初日から現れたという。

「あの時、女が階段でつま先立ちに立っていたとばかり思っていたけど、首を吊った姿勢だったんですね……」

以来、Rさんも夜間は来客用の階段を使うようにしたという。

そんなことがあったこの社屋は、数年前に取り壊され今は更地になっている。

アレルギー

Eさんは物心ついた頃からアレルギーを持っている。突然、両腕が赤く腫れたかと思うと、耐えられないほどの痒《かゆ》みに襲われる。痒みはそう長い時間続くわけではないが、症状がひどい時は熱が出るほど腫れたり、無意識のうちに腕を掻《か》き毟《むし》ったりするという。

そのため何度か病院で、アレルギーのパッチテストを受けたが、原因となるアレルギー物質がはっきりしない。

「病院はどれもそれほどひどいアレルギー症状ではないと言うんですが、僕にはひとつだけ思い当たる原因があるんです」

それはある日のこと。その日は少し遅れて学校へと向かっていた。実は前の日、友達と電話で話しすぎたため寝坊したのだという。

いつもの電車に乗って学校へ向かっていたが、突然電車が駅と駅の間で止まった。車内に流れたアナウンスでは、前の電車がつかえているせいだという。

（まぁ、元々遅刻しているわけだし、少しぐらい遅れてもいいか……）

そんなことを思いながら吊革につかまっていると、急に握っている拳が痒くなり始めた。

（また来たな……）

間髪おかずに、両方の腕がみるみる赤く腫れていく。皮膚の上にはピリピリとした感触が走り、激しい痒みが襲ってくる。それは今まで体験したことのないような、激しいもの。

Eさんは思わず腕を抱えるとその場にうずくまった。

あまりの痒さで、意識を失いそうになる。

ほどなくして再び、車内アナウンスが流れ、前を走る電車が事故を起こしたため、しばらくの間、停車すると伝えてきた。

しばらくしてから電車は次の駅まで進み、そこからは振替輸送となった。

学校へたどり着いた時は、もう昼過ぎになっていた。学校で流れていたニュースを見て、Eさんは驚いた。

事故を起こした列車は線路を外れマンションの一階に激突、大勢の方が犠牲となっていた。ようやく痒みの治った両腕を見ると、掻き毟った後で血だらけになっていた。

「しいて言うなら、死亡事故アレルギーとでもいうんでしょうか？　事故の大きさによって症状のひどさが変わるんです」

幸いなことにEさんの症状は、自分の住んでいる大阪近辺だけに限られるという。

忘れ物

Wさんは長い間、東京都内でタクシーの運転手をしていた。

「運転手さん、ここに忘れ物があるけど……」

車に乗り込んできた客が、シートの上を見て怪訝《けげん》そうに言った。

振り返ると、運転席の真後ろのシートに茶色いビジネスバッグがある。客が降りる前に確かめたつもりだったが、そこはシートの死角になっていて見えなかった。

この前に乗せた客は、確か若い女性。でもそのバッグを持っていた記憶はない。

とりあえずWさんは客からバッグを受け取ると、それを助手席に置いた。

しばらくの間そのまま仕事を続け、朝方に女性の降りた近くの交番にバッグを届けた。

警官と一緒にバッグの中身を確かめると「○○建設　営業部　葛山誠一」と書かれた持ち主らしき名刺が出てきた。

これならばすぐに持ち主にバッグが戻るだろうと、自分の連絡先を告げるとWさんは車庫へと向かった。

車庫に戻り、事務所でその日の売上と走行データを提出した。それを受け取った事務員は、その場でデータと売上の照会を始めた。

事務所のコーヒーを飲みながらしばらく待っていると、

「Wさん、この青山から三軒茶屋までの分の料金が足りないんですけど……」

事務員に言われ、慌てて表示されているモニターを確認する。画面には確かに、青山から三軒茶屋まで賃走した記録が表示されている。

しかし三軒茶屋からお客を乗せたが、青山から三軒茶屋までお客を乗せた記憶はまったくない。でも確かに誤作動していたメーターを戻したような記憶はある――。

もしかしたら何かの拍子に、メーターを倒してしまったのかもしれない。間違いとはいえこの業界ではメーターがすべてであり、差額が出た場合は運転手の責任で穴埋めしなければならない決まりになっている。

「青山から三軒茶屋までの不足分を、Wさんの売上から差し引きますね」

Wさんは渋々頷くしかなかった。


数日後、Wさんのタクシー会社へ警察がやってきた。聞けば、先日届けたビジネスバッグの件だという。

「失礼ですが、このバッグの持ち主を覚えていませんか?」

警察の話では『葛山』という男の行方が、あの日の夜からわからなくなっているという。しかしWさんには、鞄を見つける直前に女を乗せた記憶はあるが、葛山という男を乗せた覚えがない。もちろんそれまでに乗せた男が葛山なのかもしれないが、名前をいちいちお客に確かめることなどない。

困った顔で答えあぐねていると警察は、なぜ三軒茶屋に向かったのかと執拗に尋ねる。どうやら葛山の自宅は三軒茶屋にあるらしく、Wさんが男の行方について関わっているに違いないと、端《はな》から疑っている。

いくらわからないと答えても警察は引く様子がなかった。

結局、警察は「近いうちにまた来ます」とだけ言い残すとようやく帰っていった。Wさんは翌日、会社から『この一件が片付くまでは自宅で待機するように』と言い渡された。

しかしそれから何日経っても、警察からの連絡は来ない。このまま休んでいたのでは、収入にも関わるし、仕事に戻る目処《めど》もつかない。

痺《しび》れを切らしたWさんはタクシー会社に連絡を入れた。

ところがタクシー会社は、警察が来たことも、Wさんを自宅待機にしたことも覚えていない。逆に、なぜこの数日出勤してこないのかと尋ねられてしまった。

狐につままれた気分のままWさんは職場へと復帰した。

それから半年ほど過ぎた時のこと。

いつものように真夜中、都内の幹線道路を流していると、

「きゃあぁっ！」

突然後部のシートで若い女が叫んだような声がした。

驚いて車を停め、後ろを振り返ってみると、後部シートの上に女物のバッグが置いてある。触ってみるとたった今まで誰かが持っていたかのようにバッグが温かい。

とりあえずバックを助手席に置き、近くの交番へ向かって走り出そうとした時、いつの間に倒したのか、タクシーのメーターは『賃走』を示しこれまでの料金が表示されていた。

「もしかしたら、僕のタクシーに乗った客が、僕の記憶や周りの記憶とともに、消えてしまっているんじゃないかと思ったんです。今回の女の人も、前の葛山さんもそうして消えた。そう思い始めたら自分が怖くなってしまって……」

それが理由でWさんはタクシー会社を辞めたという。

巻き付く腕

大学の夏休み、暇を持て余していたM君は、友人の岡田を誘って心霊スポットに肝試しに出かけることにした。

行くからには最恐と言われている場所を、と調べた結果、N県にあるホテルの廃墟がよいだろうということになった。

この廃墟となったホテルは、地上五階地下二階の建物で、かつては渓谷の眺めを楽しんだり、渓流釣りを楽しむ観光客に人気があったが、付近の道路に新しいトンネルが完成したことをきっかけに車の流れは大きく変わり、その結果客足は遠のき倒産。長年放置されたことにより今は建物も荒れ果て、地元では有名な心霊スポットになっていた。

夜を待つと、岡田の車でふたりは廃墟へと向かった。

ナビに従い県道から脇道にそれ、街灯のない真っ暗な道を走っていく。左手からは川音が響いてくる。しばらく走っていくと、やがて右手の山の中腹に真っ黒な建物のシルエットが現れた。

道に車を停め、草に覆われた斜面を登っていく。ほどなくしてトタンに『立ち入り禁止』

と書かれたバリケードをくぐり、さらに上へと登っていく。

夕方に降った雨のせいで、草や木々に覆われた路面はヌメヌメと光り、登っているだけでもやたらに怖い。

「なんか、雰囲気あるな……」

前を行く岡田がぼそりと言った。


道を三分ほど登ると、茂った木々の間からホテルが現れた。

むき出しのコンクリートの外壁に割れたガラス窓が並んでいる。玄関の辺りは、以前にあったというボヤのせいで、鋼鉄製の車止めの屋根が折れ曲がり、無残な姿を晒《さら》している。

ホテルの周囲は真っ暗で、中にも外にも人のいる気配はない。時折、ザーザーと響く川の音に混じって、若い女が誰かを呼ぶような甲高い声のようなものが聞こえてくる。

「おい、どっちから行く?」

不意に岡田が振り向いてM君に聞いた。噂ではここには地下のトイレと、五階にある和室に幽霊が出るという。特に五階の顔の崩れた女の幽霊は有名で、かつてビデオに納められたという噂もある。

「うーん、岡田に任せるよ……」

「わかった。じゃあ俺から先に行くな！」

そう言うと岡田は、ひとりホテルの中へと入っていく。

（そうか。『どっちから』は場所じゃなくて『誰から行くのか』ってことだったんだ……）

そんなことを思っているうち、岡田の姿は完全にホテルの中に消えていた。改めてひとりになったことを実感すると、急に不安になっていく。肝試しに行こうと誘ったのは自分だとはいえ、まさか真夜中の廃墟の前に、ひとり取り残されることは想定していなかった。

〈………ドコニイルノ……〉

すぐ耳元で女の声が聞こえたような気がした。

「岡田⁉　俺も一緒に行くよーー！」

そう叫ぶとM君は、あたふたとホテルの中に向かって駆けていった。


中に入ると、辺りは真っ暗で足元すらおぼつかない。窓や玄関から入るわずかな月明かりだけが頼りだった。

M君は持ってきた懐中電灯を手に、岡田が先に向かうといった五階の和室を目指すことにした。

玄関左手を見ると、コンクリートでできた大きな内階段が見える。

防火扉が付いている所から見て、屋内に作られた非常階段なのだろう。これを上がっていけば五階まで行けるはずだ。

M君は階段を上がり始めた。

――ジャリッ、ジャリッ……

階段の上に散らばった、細かなコンクリート片やガラス、木屑などが、足を踏みしめるたびに音を立てる。

「岡田ーーー！」

怖さを振り払うかのように、二階、三階へと上がりながら岡田の名前を叫びつづけた。しかし返ってくるのは外を流れる渓流の川音ばかりで、岡田からの返事はない。

――ジャリッ、ジャリッ……

不意に下の階の階段を、誰かが上がってくるような音が聞こえた。M君は立ち止まって後ろを振り返った。

――ジャリッ、ジャリッ、ジャリッ……

確かに足音が階段を上がってきている。しかし見えるのは懐中電灯に照らされた階段だけで、足音の主は一向に現れない。

「岡田か？」

尋ねてみたが返事はない。足音は相変わらず階段を上がってきている。

——ジャリッ！

すぐ下の段で音が鳴った。M君はその場から逃げ出すと、五階に向かって階段を駆け上った。

必死に駆け上がると、階段は突然行き止まりになった。踊り場の防火扉が閉まっている。

両手で扉を押したが、ピクリとも動かない。

防火扉の枠を見ると、扉はこれ以上、先に行けないように溶接されている。

扉にはスプレーで書かれた落書きに混じって『5F』の表示。どうやらこの階段からは、五階のフロアには入れなさそうだ。

（ここまで上がってきてなんだよ……）

M君は振り向き、階下を見ると途方に暮れた。さすがにすぐには階段を下りる気にはなれない。

——ジャリッ、ジャリッ……

再び下の階から階段を踏みしめる音が聞こえた。

もう逃げ場はない。M君は開き直ると、足音の正体を確かめようと階段を駆け下り、懐中電灯で階下を照らした。

その途端、「きゃぁぁぁ！」女性の悲鳴があがった。びっくりして明かりの中を見ると、白いスウェット姿の若い女が頭を抱えて階段にしゃがみこんでいる。

女性は、突然の光がM君の懐中電灯だと気がつくと、恨めしそうな目でこちらを睨みつけ、

「ひどいじゃないですか⁉　いきなり脅かすなんて！」

と、ほっぺたを膨らませながら怒り始めた。

「ごめんごめん。俺も怖かったもんだから……」

M君は慌てて彼女に謝ると、一緒に来た友達の姿を見なかったかと尋ねた。

「ううん、見てないなぁ。私も友達とはぐれちゃって……」

「だったら、一緒に捜さないか？　友達が見つかるまで付き合ってあげるよ」

そう声をかけると、彼女は「ありがとう」と、M君の右腕に抱きついた。今までひとりで不安だったM君に、柔らかい胸の感触が右腕を通じて伝わってくる。

M君は思わず口元が緩んだ。

廃墟内を歩きながら、M君は彼女といろいろ話した。

彼女の名前は『みさき』といい、近くの大学に通っているのだそうだ。今夜はサークルの女友達と、このホテルに肝試しに来ていたのだが、ちょっと目を離した隙に、はぐれて

しまったのだという。

「だったら俺と似たようなもんだね」

彼女と一緒になったことで、不安感が薄れたM君は少し楽しくなった。しかし彼女の方はそうでもないらしく、ずっとM君の腕にしがみつきながら歩いている。

「俺が一緒だから大丈夫だよ……」

M君は彼女を励ました。


ホテルの中をお互いの友達を捜しながら、しばらくの間歩き回った。しかしホテル内をひと通り見て回っても、岡田も彼女の友達の姿も見当たらない。

「ねぇ、一度ホテルの外に出て待ってみない？」

途方に暮れかけていたM君に向かって、みさきが声をかけた。確かにいたずらにホテルの中を回っていても、行き違うばかりかもしれない。ふたりは一旦ホテルの外へ出て、中からお互いの友達が出てくるのを待つことにした。

玄関から外に出てみると、いつの間にか空には厚い雲が垂れ込めていて月明かりもなく、入った時よりも辺りが暗い。

「あっ！　あそこに友達がいる！」

突然、みさきがM君の腕を掴んだまま、旧道に続く道へと走り出した。彼女に引きずられるように小走りでついていくが、M君には彼女の友達の姿が見えない。

「Mーーーーっ！」

どこからか聞き覚えのある声が自分を呼んでいる。

「もどれー！　もどれ、Mーっ！」

M君は足を止めると声のする方を確かめた。声は足元の方から聞こえている。

目線をそちらのほうへ向けてみると、自分の足元のはるか下、焼け落ちた車止めの横で岡田がこちらを見上げながら叫んでいる。

（なんで、あんな下で岡田が叫んでいるんだろう？）

しばらくの間、状況が呑み込めないでいたが、ふと我に返り見渡すと、辺り一面が厚い雲に覆われた夜空に変わっている。

改めて足元を見ると、自分はホテルの屋上の縁を歩いている。

（わあっ！）

思わず手を伸ばし、近くの鉄柵を掴もうとした。

しかし次の瞬間、右腕が建物の外へとぐいっと引っ張られる。驚いて右腕を見ると白いスウェットの腕だけが、M君に絡み付いている。

必死に左手で鉄柵を掴むが、腰が砕けた姿勢のため足の踏ん張りがきかない。絡み付いた腕は容赦なく、M君の体を屋上から落とそうとぐいぐい引っ張る。M君の体は次第に反り返り、今にも屋上から落ちそうだ。

「ねぇ、一緒に友達ヲ、サガシ・テ・ヨ……」

みさきの甘えたような声が耳元で囁《ささや》く。柵を掴んだ指の力は次第に失われ、もう離れてしまいそうだ。

「嫌だーーーーーっ！　捜さない！　捜さない！　絶対嫌だーーーーー！」

必死にM君がそう叫んだ瞬間、

「……嘘つき」

みさきの声が聞こえ、巻き付いていた腕は夜空の中に霧散して消えた。

命拾いしたM君は、大きなため息をつくと、そのままそこに座り込んだ。

「大丈夫か？」

しばらくして屋上に上がってきた岡田によって、M君は助け出された。

後日、みさきという女性について調べたが、聞いていた近くの大学にも、ホテルに絡んだ手がかりも何ひとつ見つからなかった。

襖

E君は、子供の頃から祖母の家に行くのが嫌だったという。

「これといって深い理由はないんですけど、なぜか玄関から居間に続く廊下が好きじゃなかったんですよね」

なので用事で祖母の家に立ち寄ることはあっても玄関までで、よほどのことがない限り家の中まで上がることはなかったという。


大学が夏休みになったばかりのこと。元々病弱だった祖母の具合が芳《かんば》しくなく、急遽入院することになった。

「そんな流れで、頼まれちゃったんですよね」

母親から「夏休みで暇なんだから、泥棒よけに祖母の家で寝泊まりして」と言われたという。本当はそれだけは避けたかったが、看病で疲れている母親の姿を見ると断ることもできず、E君は渋々と引き受けることにした。

祖母の家は、築六十年を超える古い木造の平屋建て。

母親が嫁ぎ、祖父が亡くなって以降、この家に住んでいるのは祖母ひとりだけだ。そのため、祖父の部屋や、母親のいた部屋は手付かずとなっており、祖母はいつも居間を生活の中心として寝起きしていた。

当然、E君も必然的に寝泊まりするのは祖母と同じ居間だった。部屋から出る際は、例の廊下を歩かなければならず、その度になぜか嫌な気分になった。

寝泊まりにするうちに、その思いは次第に強くなり、一週間もしないうちにE君は好き嫌いを超え、むしろ気持ち悪いと思うようになっていた。

「なんで、寝る時は廊下が見えないようにピタリと襖《ふすま》を閉めて、居間の明かりは点けたまま寝るようにしてたんですよ」

十日近く経ったある夜のこと。
――スーッ
E君は襖の開く音で目を覚ました。音がしたほうに目をやるとなぜか襖はなく、タンスが見える。
部屋の様子が違う。

起き上がってみると、自分と布団が部屋の隅の方に移動していることに気がついた。

（あれ？　俺いつの間にこんな所に移動したんだろう？）

考えてみても、どうしてそこにいるのかわからない。

改めて襖の方に目をやると、しっかり閉めたはずの襖は半分ほど開き、電気の消えた真っ暗な廊下からは、夏とは思えないひんやりと冷えた空気が部屋に吹き込んでいた。


「あぁ、そりゃ、おじいさんがいたずらしたんだわ」

E君の話を聞いて、祖母はそう笑った。

「そんなバカなことがあるわけないわよ」

母親の言葉で彼は、引き続き祖母の家に泊まることになった。


先日のこともあったので、今度はひとりでに襖が開かないよう、スーパーで買ってきた支え棒をかませ、居間のテレビも点けたまま寝ることにした。

しばらくの間は何もない日が続いたが、数日を過ぎたある夜のこと。

深夜番組を見ていると、突然、部屋中の電気が消えた。

びっくりして立ち上がろうとすると、

――ドン、ドン、ドン、ドンドン……

誰かが廊下側から、激しい勢いで襖を叩き始めた。

――ドン、ドンドンドンドンドンドン……

叩く勢いはますます激しくなり、家中に音が響き渡る。

――ドンドンドンドンドンドンドンドンドンドン

立ち上がりかけた姿勢のまま、襖から目が離せない。

（ま、まじ？　これって本当に、じいちゃんなのかよ？）

襖は叩く音に合わせるように、部屋の中に向かって、弧を描くように激しくたわみ、今にも敷居から外れそうな勢いだ。

その時、パーンという大きな音と共に、襖を抑えていた支え棒が弾け飛ぶと、部屋の中に転がった。それとともに襖の揺れはピタリと止まり、部屋の中は静かになった。

――スーーーッ

目の前でゆっくりと襖が開いていく。開いた襖の向こう側には、真っ暗な廊下の奥に立つ大きな男のシルエットが見えた。

それはびっくりするほど高い身の丈で、逆にアンバランスなほど狭い肩幅。肝心の頭は鴨居の上に隠れて見えない。

（……じい……ちゃん？）

闇に目が慣れてくると、男がボロボロの浴衣のようなものを纏《まと》っていることがわかった。

ゼイゼイと腹が大きく波打ち、苦しそうな息遣いが聞こえてくる。

男は廊下に立ったまま、部屋の中に入ってくる様子もない。

そんな状態が一分ほど続いた時、

——ピシャッ！

突然、開いていた襖が音を立てて閉まった。

それと同時に、パッと部屋に明かりが戻った。

「ふーーーーーーっ」

E君は大きくため息をつくと力が抜けたように畳の上にへたり込んだ。そしてそのまま、空が明るくなるまで深夜番組を見続けた。

明るくなってから恐る恐る廊下に続く襖を開けてみたが、廊下には男の痕跡も何も残っていなかった。

以降、彼は襖に支え棒をすることをやめた。

その後、祖母の病状は快方に向かうことなく亡くなってしまった。そのため、あの廊下の黒い影の男が本当に祖父なのか確かめることはできなかった。

告別式が終わり、遺品整理をしている時に見つかった祖母のアルバムを見ると、写っていた祖父はあのシルエットとは似ても似つかぬ小柄な男性だった。

超低反発ベッド

「わあ、すごい！　これって低反発何とかってやつでしょ？」

高校三年の夏休み、K子さんがプチ家出をして、紗栄子の家に押しかけた時のことだ。久しぶりに彼女の家に行ってみると、ベッドが見慣れないものに変わっていた。

それは当時はやりの低反発ベッドで、いつも金欠をうたっている紗栄子の部屋には似つかわしくない代物だ。ベッドの上に腰を下ろすと、まるでお尻が包み込まれる様に沈んでいく。

普段、自宅の煎餅《せんべい》布団《ぶとん》でしか寝たことのないK子さんにとって、低反発ベッドは生まれて初めての体験だった。ベッドの上でしきりに手を置いたり寝転んだりしては大はしゃぎする彼女を見ていた紗栄子は、

「知り合いから貰った中古だからさ、自慢できるものじゃないんだけど、そんなに気に入ったなら、今夜はそこで寝る？」

「えっ！　いいの？」

いつものようにソファーで眠るつもりだったK子さんは、紗栄子の言葉にふたつ返事で

頷いた。

「寝るのにはちょっとしたコツがあるんだけどね……。まあ、くれぐれも壁際には行かないようにね」

紗栄子はそう言いながら少し笑った。


その晩、K子さんは紗栄子のベッドを借りて寝ることとなった。紗栄子はテーブルを挟んだ向かいのソファーで横になると、まもなく寝息を立てた。

K子さんもテレビと部屋の明かりを消すと、ベッドに潜り込んだ。低反発ベッドが全身を包み込む。あまりの気持ちよさに、あっという間にK子さんも深い眠りに落ちていった。

ところが真夜中、汗ばむような蒸し暑さでK子さんは目を覚ました。思わず手で額を触るとうっすら汗が滲《にじ》んでいる。どうやら寒がりの紗栄子が、部屋のエアコンを切ってしまったらしい。

（ちょーームシあつい！）

K子さんは、体に掛けていたシーツをめくると、壁際にゴロリと寝返りを打った。次の瞬間、ベッドが壁際に向かって大きく沈み込んだ。それはまるで底なし沼に落ちたかのように、体がベッドの中へズブズブと沈み込んでいく。

驚いてベッドから起き上がろうともがいたが、逆に体が沈んでしまい思うように脱出できない。天井はだんだん遠くなり、地の底に自分が引き込まれるような感覚が襲ってきた。

（わぁぁぁぁっ！　たすけて！　たすけて！　たすけて！）

ところが、頭が半分以上ベッドの下に埋もれていて、叫ぼうにも声が思うように出ない。

あっという間に体の大半がベッドの中に引きずり込まれ、かろうじてベッドの上に出ている片目だけが天井を見つめていた。

（低反発って、ハンパねえじゃん……。しんじゃう、しんじゃう……）

意識が朦朧《もうろう》としてくる中、突然頭と腕を掴まれてグイッと上に引っ張られると、ベッドの中央に引き戻された。

「はぁぁぁぁぁっ」

九死に一生の状態から助け出されたK子さんは、大きな息を吐いた。

見上げると紗栄子が、呆れた顔で彼女を見下ろしていた。

「ねっ、コツがいるでしょ……」

やっぱりね、といった表情で苦笑いする紗栄子に、

「低反発ってヤバいね……」

K子さんは答えた。

人形の足

M美さんは数多くの人形をコレクションしている。コレクションしているのは六十センチもある着せ替え人形たちで、それらは人形専用の部屋に保管してある。

人形は決して床の上には飾らず、椅子の上やベッド、タンスの上などに座らせている。

彼女は時々それら人形の髪や、化粧を変えたり服を着替えさせたりして楽しんでいる。

ある日のこと、いつものように人形の世話をしていると、タンスの上に置いてある人形の様子がおかしいと感じた。

それは少し前に手入れした西洋風の少女人形で、肋骨が浮き出そうな細身のシルエットに、深い悲しみを抱えているような、儚《はかな》げな顔立ちが彼女のお気に入りだった。

それ故に、この人形の手入れを欠かしたことは一度もなく、人形が部屋を見渡すことができるタンスの一番高い所に飾っていた。

ところが、いつの間にか人形に履かせた靴の裏が薄汚れている。もちろん床の上に置いたこともなければ、家族の中で自分以外に人形に触る者はいない。

奇妙に思いながらも彼女は手を伸ばすと、タンスから人形を下ろした。汚れはホコリのようで、ウエットティッシュで軽く拭くときれいに落ちた。

彼女は折角だからと、人形の髪を梳《と》かして服を着替えさせると、再びそれを元のタンスの上に戻した。

数日後いつものように部屋で手入れをしていると、再び同じ人形の足が薄汚れていることに気がついた。

その時もたいして気には留めず、足の裏を拭くと人形を元の場所に戻した。

ある日の朝のこと、別室で寝ている旦那さんが、

「そういえば、夜中に人形部屋で、ゴソゴソするのやめてくれるか？」

と言った。

「昨日の夜だって、気づけば部屋から音が聞こえるからびっくりしてさ……」

しかし彼女は昨晩、部屋には入っていない。旦那さんの言葉に、慌てて人形部屋へ行くと、またあの少女人形の足の裏が薄汚れていた。

うっすらホコリの積もったカーペットの床の上には、部屋中を駆け回ったかのような小さな人形の靴あとが残っていた。

人形は今も大切にタンスの上に置かれている。

蟲

今ではOLをしているA子さんが、学生だった頃の話だ。


当時A子さんは宝飾関係の専門学校に通っていて、同級生に『ゆい』という女友達がいた。

ゆいはデザインが上手く、クラスメイトの中でも一目置かれるほどの存在だったが、彼女が好んで書いていたのは虫のイラストだったため、女友達は少なかったという。

特に好んで書いていたのは、ゲンゴロウとクモで、生えている繊毛《せんもう》一本一本まで描写し、そんな緻密で繊細なタッチは誰にも真似ができなかった。

「あら、虫のイラストって変わったものを描くのね。でもすごく素敵かも！」

A子さんが何気なくゆいの絵を褒めたのがきっかけで、ふたりは友達となり、よく遊ぶようになった。


友達になって、ひと月ほどが過ぎた頃だった。

いつものように専門学校に行くと、

「はい！　A子ちゃん、これプレゼント！」

朝の教室でゆいが、いきなり目の前に小さな箱を突き出した。びっくりしながら受け取って、箱を開けてみると、中には高価そうなシルバーの指輪が入っている。

「お友達になって今日でちょうど一ヶ月でしょ。これはそのお祝い！」

そう言ってゆいはニコリと笑った。しかし友達とはいえ、付き合ってまだひと月あまり。こんなものをもらうほどゆいとは親しくなってはいない。

「ありがとう。でもこんなに高そうなものは……」

「いいから、いいから。すぐ指にはめてみて」

ゆいに急《せ》かされ、渋々指にはめてみると、彼女にサイズを教えていないはずの指輪は、指にぴたりとはまった。

その日を境にゆいは、素敵な小物を見つけたとか、何かの記念日だとか理由をつけては、A子さんにプレゼントを贈るようになった。

他愛のない安いものであれば、それも構わなかったのだが、そのほとんどが高価なものであったため、A子さんは度々彼女からもらうのを断っていた。

しかし、ゆいからの贈り物は、おさまることなく続いた。

ちょうどこの頃からA子さんの部屋では、虫がやたら目につくようになった。テーブルの上や玄関、キッチン、風呂場、トイレ……しっかり窓を閉めていても、気がつけば大きな虫が何匹も部屋の中を這っている。

このままでは生活に支障が出てしまうため、燻蒸剤《くんじょうざい》を焚いてみたが効果はほんの数日で、気づけば再び虫は部屋中に現れた。

「もう本当にこういうの無理！　やめてくれる？」

しつこく繰り返されるゆいの贈り物攻勢に、ある日ついにA子さんは切れてしまった。これ以上色々貰っては、友達ではなくなってしまう。そう考えての行動だったが、言われたゆいの方はそうは感じなかった。

「なら、もういい！」

吐き捨てるように言い残すと、ゆいはぷいと横を向いてどこかへ行ってしまった。やれやれと思いながら、A子さんはゆいの後ろ姿を見送った。

その夜、部屋に戻ると、A子さんは思わず絶叫した。

どこから入ったのか、テーブルの上を何匹もの黄金虫《こがね》がモゾモゾと這いずり回っている。

窓を開けて虫を外に出そうとカーテンに手をかけた。

（ひっ！）

ガラス窓の外側には、無数の羽虫が外も見えないほど、びっしりと張り付いている。

（そういえば部屋に虫が出るようになったのは、ゆいからのプレゼント攻勢が激しくなってからだっけ……）

翌朝、A子さんは学校を休むと、今までゆいからもらったものをかき集め、近くのお寺へ持っていった。

ゆいからのプレゼントが本堂の床の上に並べられると、住職の表情がみるみる曇った。

「……これらの品々からは、蟲《むし》の気配を感じるのですが、何か心当たりはありませんか？」

「本当ですか？　実は最近部屋が虫だらけなんです」

それを聞いた住職は、ポンと膝を打つと、

「信じがたいかもしれませんが、これらの品々からは、あなたへの強い執着の念を感じます。おそらく送り主の念が蟲を使役して、あなたのことをずっと見張っていたのでしょう……」

ゆいからの贈り物は、その場で住職が供養すると、目の前でお焚き上げされた。

「これで彼女の執着も消えていくでしょう……」

住職はA子さんに言った。

住職の言葉通り、家に帰ると、あれだけいた虫は部屋からいなくなっていた。

ゆいもほどなくして学校へ来なくなり、A子さんと会うことはなくなった。

死神

介護施設で働くO井さんはある日、階段の踊り場で変な物を見かけた。

それは、黒くて半透明の塊《かたまり》。バスケットボールほどの大きさで、プルプル震えながら、踊り場の上を行ったり来たりしている。

はじめは、光の加減なのかと思っていたが、塊は昼夜問わず現れた。

不思議と他の職員には見えていないらしい。特段悪さをするわけでもなかったので、O井さんはあえてこのことを人には話さなかった。


ところが今年の夏のこと。

いつもは、三階と四階の間の踊り場にいる塊が、珍しく四階の廊下にいる。

ブヨブヨと伸びたり縮んだりと形を変えながら、ゆっくりと廊下を進んでゆく。

相変わらず、誰にも見えていないようで、気にせず皆その横を通り過ぎる。

「おい、あんた、アレが見えるのか?」

突然、後ろから声をかけられた。振り返ると506号室のカワイさんだ。

「何か見えるんですか?」

「誤魔化したってムダだよ。あんただって見えとろうが!」

「ええ、まぁ……カワイさんあれって、妖怪みたいなものですか?」

「ふん、違うよ。ありゃ死神だ。俺は何度か見たことがある」

死神という言葉にO井さんが驚いていると、

「今夜あたり、きっとこの階で誰か死ぬよ……」

そう言い捨てると、カワイさんは自分の部屋へ戻っていった。

その夜、カワイさんの言ったとおり、四階の老人が亡くなった。

翌朝、階段に行くと踊り場には、心持ち大きくなった黒い塊があった。

それからは、入居者が亡くなる前日には必ず、黒い塊がその階を彷徨《さまよ》っているのが見えるという。

塊は今では、原付バイクほどの大きさになっている。

憑依なんですか？

「ねぇ、ねぇ、聞いてよ。私の彼がね、今悪霊に取り憑かれて大変なの……」

同窓会の席で、N美さんの友人マリエが、突然こんなことを言い出した。

最近付き合い出した彼氏のタカシに毎晩ヤクザの霊が憑依し、暴れるのだという。

昔から突拍子もないことばかり言う娘だったが、ついに悪霊まで登場したかと思って話を聞いていると、

「でね、今度の日曜日にタカシとお祓いに行くんだけど、不安だからついてきて……」

と、頼み込まれた。


「ヤクザの霊が、お祓いでどうなるか興味津々でね、マリエには悪いけど冷やかし半分でついて行きましたよ♪」

お祓いの当日、マリエにタカシを紹介された。想像していたのとは違い、人見知りでおとなしく、本当にこんな人が毎晩暴れるのかと思ってしまう。

向かった先は、有名な女性霊能者がいるという屋敷。

しばらく外で待たされた後、通されたのは至る所に金色の装飾が施された部屋。どうやら、有名霊能者だけあって、かなり儲かっているようだ。

ほどなくして、昔のアイドルのような派手な格好をした霊能者が現れた。

「今日は、どうされたんですか？」

「実は夜になると、タカシに悪霊が降りてきて、ヤクザのように暴れ出すんです」

霊能者の問いかけに、マリエが答える。

「……なるほど悪霊ですか。それはいつものことなんですか？」

「はい、決まって食事をした後、お酒を呑んでいるうちに始まるんです」

（お酒？　おい、おい……それは〝悪霊〟じゃなくて〝アル中〟じゃないのか……）

N美さんは、思わず心の中で突っ込んだ。

どうやらマリエの突拍子のなさは、変わっていないらしい。きっと霊能者も今のを聞いて呆れるんだろうなと思っていると、

「う〜ん、確かに厄介なのが憑依してますね。大変ですがやってみましょう！」

霊能者はそう言うと、目の前にタカシを座らせ印を結ぶと、何やら呪文を唱え始めた。

呪文が始まってしばらくすると、タカシの頭は大きくグラグラ揺れ始め、突然落ちるようにガクンとうな垂れた。

「あなたは誰ですか？」

呪文をやめ、すごんだ声で霊能者がタカシに問いかける。

それに反応したタカシが、ゆっくり首をもたげ、

〈%△Π#$○&〉□／……〉


これまで聞いたことのない言葉を使って、霊能者に答えた。

「タ、タカシには、何が憑いてるんですか？」

マリエは不安そうに口にする。

「う〜ん。どうやらタカシさんには〝プレアデス星人〟の霊が憑いているみたいなのですが、文化が違うので説得はかなり厄介ですね」

そう言うと、霊能者は再び印を結び、いっそう大きな声で呪文を唱えた。

（これは、面白い〜っ！）

予想外の展開に、どう決着が付くのかN美さんはわくわくしながら結末を見守った。

すると、一緒に見ていたマリエの頭が揺れるとタカシと同じようにガクンと落ちた。

しばらくの沈黙のあと、マリエは頭を上げると、

〈＋∫＠▼Ω？＃＃～＊……〉

タカシに向かって何かを言った。

〈●◇〉＝＊？×＄＃～……〉

それに答えるタカシ。

〈◇√％△￥〇＆！／……〉

ふたりの不思議なやりとりはしばらく続いた。やがて話がついたのか、ふたりの頭が同時にカクンと落ちる。それを見て霊能者は唱えていた呪文をやめた。

霊能者の話によれば、タカシに憑いていたプレアデス星人の霊を説得するため、同じ星の宇宙人の霊をマリエの体に降ろしたとのことで、マリエもタカシも除霊中のことは何も覚えていなかった。

「予想外の宇宙人で宇宙人を説得する荒技なんて、いいモン見せて貰いましたよ！」

N美さんはそう言いながら、腹を抱えて大笑いした。

しかし不思議なことに、除霊をして以降タカシが暴れることはなくなったそうだ。

祖父からの手紙

Y子さんの記憶にある祖父は、物静かな人だった。

孫であるY子さんに対しても、特に甘やかすこともなく、いつも黙ってニコニコ笑っている人だった。

Y子さんが、小学五年生の誕生日。

珍しく祖父がY子さんに一緒に出かけようと誘った。

祖父が選んだのは、エキスポランドではなく、その隣の万博記念公園だった。

「夏には、じいちゃん死んじゃうから、これがY子と過ごす最後の誕生日だからな」

「じいちゃん、そんなこと言わないでよ！」

半分怒って言ったY子さんの言葉を聞いて、祖父は嬉しそうに笑った。

その夏、祖父は言葉通り、車のひき逃げに遭いこの世を去った。

祖父が亡くなってから、四十九日が過ぎた。

納骨式の後、親戚が集まって、祖父の形見分けが行われた。

祖父の遺品を出してみると、ほとんどの物に「これは誰に渡す」と名前が書かれている。

親戚は、あまりにもでき過ぎた形見分けの準備に驚いたそうだ。

そんな祖父の遺品の中から、一通の封筒が出てきた。

大きな紐付き茶封筒で「Y子へ」と書いてある。

Y子さんは、その封筒を受け取ると、自分の部屋に持って戻った。

封筒の紐をほどき、中身を確かめると、きちんと封のされた三通の封書が入っていた。

表にはそれぞれ「十五歳のY子へ」「二十三歳のY子へ」「五十一歳のY子へ」と書いてあった。


Y子さんが十五歳になると「十五歳のY子へ」と書かれた手紙を開いた。

中から便せんを取り出してみると、そこには、

「二月九日　○○高校・推薦合格」

「三月十日　谷下で発見」

とだけ書かれていた。

祖父からの応援メッセージなのだろうか、高校に推薦合格とは嬉しいことが書いてある。

ところがもうひとつの「谷下で発見」というのが何をさしているのか、とうとうわから

なかった。

年が明けて、Y子さんの高校受験となった。

Y子さんは、難関といわれる○○高校の推薦枠を手に入れると、見事に合格し両親を喜ばせた。

ところが、卒業式を控えた三月の上旬。車で買い出しに出かけた父が戻ってこない。事件にでも巻き込まれたのかと、警察が付近の捜索を始めて五日後、父を乗せた車の残骸が谷の下で見つかり、中からは父の遺体が発見された。

奇しくもそれは、三月十日のことだった。

二十三歳の誕生日。Y子さんは、祖父からの手紙を開いた。

今度も、誰か身内の死が書かれているんじゃないかと、ビクビクしながら開いた。

便せんに書かれていたのは、

「オーストラリア　三十六」

という、暗号のような言葉だけ。

何を意味するのだろうと、あれこれ考えたが、結局その時になってみなければ、わからないのだと開き直ったY子さんは、それ以上詮索しないようにした。

もうすぐ二十四歳になる頃。

Y子さんは、通っていた英会話学校のオーストラリア人講師と恋に落ちた。ふたりは交際一年で結婚、三人の子供をもうけた。

それは、誰が見ても幸せな結婚生活だった。

しかし、Y子さんが三十六歳の時、夫は病気でこの世を去った。

Y子さんは、祖父からの最後の手紙を読むことなく焼き捨てた。

座敷童の宿

Ａ君が学生時代、ひとり東北旅行をしている時のこと。

「折角、東北に来たんですから、座敷童《ざしきわらし》の出る旅館に泊まってみようと思いまして」

いろいろ情報を貰い連絡してみたが、有名な座敷童の出る旅館は、どれも数年先まで予約がいっぱいで、飛び込みではとても泊まれそうにない。

仕方ないので〝座敷童のようなもの〟が出るという旅館を紹介して貰い、そこで妥協することにした。

紹介された場所にたどり着いた頃には、既に辺りは暗くなっていた。

Ａ君が通された部屋は奥の離れ。入ってみると少々カビ臭い。

部屋の造りはいたって普通で、座敷童のためのおもちゃが置いてあるとか、この部屋に泊まった芸能人のサインがあるというわけでもない。

（本当に出る部屋って、意外とこんな感じなのかもしれないな）

Ａ君はそう思うと、早々に布団を敷いて横になった。

――チリチリチリチリ

顔にあたる熱気でA君は目を開けた。

部屋の中が、真っ赤に燃え上がっている。

(わわっ！　か、火事だ！)

慌てて飛び起きようとするが、体が上から押さえつけられているようで動かない。

必死に体を動かそうとしていると、部屋の隅で火だるまになって燃えている子供が見えた。頭からガソリンを被ったかのように、全身から黒い煙と炎を噴き上げながら、畳の上でもがき苦しんでいる。あまりの炎の勢いで子供の性別すらわからない。

〈ヴァァァッツ！　アツイヨ！　アツイヨ！　アツイヨ！　アツイ………〉

最後の断末魔の叫びをあげ、体が海老《えび》反《ぞ》りになると、子供はそのまま動かなくなった。

肉の焦げた臭いが部屋に広がっていく。

その臭いと、燃えさかる炎の熱さでA君は気を失った。

「やっぱり〝座敷童のようなもの〟じゃ、ダメですね」

A君は、今度こそ本物の座敷童に会いたいと思っている。

座敷童の家

「なんでも、この部屋には座敷童がいるらしいんだってさ……」

そう不動産屋に勧められて、H君がアパートを借りたのは一年前のこと。

別段、幽霊が見えるとか、スピリチュアルなことに傾倒しているのではなかったが、縁起のよい座敷童がいて、手頃な家賃ならば借りないわけにいかない。

これで運気向上だと意気込んでいたが、引っ越し直後に派遣切りに遭い、長年付き合った恋人とは破局するなど、不幸が立て続けに彼を襲った。

生活は苦しくなる一方で、次第に働きに出るのがおっくうになり、アウトドア志向だった休みの過ごし方は、部屋でネットやテレビを見て過ごすインドア志向に変わっていった。


ある夜のこと。

深夜のバイトを終えてアパートに戻ったのは、一時を過ぎた頃。

廊下を歩いていると、部屋の玄関から明かりが洩れている。

(誰が部屋の中に？　もしかして、空き巣か？)

足を忍ばせそっと玄関の前に行くと、部屋の中からテレビの音がする。

甲高い声の女の子たちがワイワイと騒いでいる様子からして、深夜番組でも観ているのだろうか？

（留守だと思って、図々しい空き巣め……）

学生時代、剣道部にいて少しは腕に自信がある。

H君は、相手に気取られないように、脇に立てかけてあった掃除用のほうきを掴むとドアのノブに手を掛けた。

「こら〜〜っ！　人の部屋で、何してるんだ〜〜っ！」

勢いよくドアを開け、大声をあげながら部屋に飛び込んだ。

部屋の真ん中には、太ってメガネを掛けた中年男が座ってテレビを観ている。

男は驚いて振り返ると、H君を見たまま固まった。

テレビでは、今人気のアイドルグループが、歓声をあげながらゲームに興じていた。

「おまえ、人の部屋でいったい……」

そう言いかけた途端、男が目の前からふっとかき消えると、明かりとテレビが消えた。

部屋の中は、一瞬で真っ暗になった。

急いで明かりのスイッチを入れたが、部屋に男の姿はなかった。

（座敷童は童でも、大きいお子様だったのか……）

H君は、契約更新を待たず、早々にアパートを引き払った。

するとほどなくして、別れたはずの彼女が戻ってきた。

「座敷童と別れたおかげで〝リア充〟復活ですよ！」

最近、新しい就職先も見つかったH君は、アパートに住んでいた頃についたお腹の贅肉を落とすのに忙しい。

菊の花

K林さんの石材店では、お墓参りに来られない家族の代わりに、お墓の掃除とお花を供えるサービスを行っている。ひと昔前ならば、考えられないサービスなのだが、今はこれが結構良い商売になるのだそうだ。

「……ちゃんと頼んだようにして貰わないと困るでしょ！」

突然のクレーム電話で呼び出され、慌てて現地に飛んで行くと、そこは昨日掃除をしたばかりのお墓。その前で、依頼してきた女性が仁王立ちになって怒っている。

「あれほど仏花に〝菊の花〟はやめてくださいって言ったのに、これは何？」

そう言って、墓に供えられている菊の花を指す。どこかで連絡が行き違ったのだろう。

そう思ってよく見ると、昨日供えたばかりの仏花は、すっかりしおれている。

「お宅が菊の花なんか供えるから、昨晩はお義母《かあ》さんが出てきて大変だったのよ！」

女性は怒りが収まらないらしく、感情にまかせてK林さんを怒鳴り散らした。

（そんなにお義母さんが怖いなら、自分でやれば良いのに……）

そう言いかけた言葉を、K林さんはグッと飲み込んだ。

コロッケの味

Vさんが小学生の頃の話。

彼は毎日塾の帰り道に、肉屋でコロッケを買って食べるのを日課にしていた。

当時の価格で一個十円の揚げたてコロッケに、たっぷりのソースをかけて頬張る。すると、口の中には甘くてなんとも言えない味がしたそうだ。

「そうだろ、うちのコロッケは、砂糖と醤油をたっぷり使った肉じゃが味だからな」

それが店のおじさんの口癖で、Vさんはいつもその口癖を聞きながら、コロッケを食べるのが大好きだった。

ところが、いつものように塾が終わって店に向かうと、シャッターには〝忌中〟の貼り紙があり、店はひっそりと静まりかえっていた。

Vさんは翌日も店に向かったが、その日以来、店が開くことはなかった。

それから半年ほど経った、塾からの帰り道。

店の前を通りかかると、ずっと閉まっていた店のシャッターは開いていて、中からは香ばしい揚げたてコロッケの匂いがする。

思わず店の中に飛び込むと、店に立っていたのは見知らぬ若い男。

「あの……、前にいたおじさんは？」

「おじさんか……ごめんね、おじさんいないんだよ。でもね、今日は代わりに僕がコロッケを揚げたから、食べていってよ」

Vさんは、男が差し出したコロッケを受け取ると、頬張った。口いっぱいに懐かしい、肉じゃがのような甘くてなんとも言えない味が広がった。

「明日もお店やってるから、また来てね」

「うん、じゃまた明日ね！」

男とそう約束すると、Vさんは店を後にした。


翌日も言われたとおり、Vさんが店に行くと、店に立っていたのは、いつものおじさん。ふっくらしていた頬はこけ、別人のように痩せている。暗い店内で、何やら店の片付けをしている。

今日はコロッケは揚げてないのかと尋ねると、息子が亡くなったので、お店はもう辞めようと思っているのだという。

「辞めちゃうの……でも、昨日お店にいたお兄さんは、お店やるって言ってたよ」

「昨日？　昨日はお店なんかやってないよ」

そんなことはないと、Vさんは昨日ここで会った若い男のこと、食べさせて貰ったコロッケのことをおじさんに話した。

「……そうか、おじさんが、いつまでもお店を開けようとしないから、死んだ息子がやって来て、坊やにまた来てねって頼んだんだろうね」

そう言って、おじさんはVさんの前で、泣いたという。

数日後、おじさんの店は再開された。


その後、Vさんは東京の大学へ通うようになり、久しぶりに地元に戻ると、おじさんの店は無くなっていた。

おじさんのコロッケの味が忘れられず、何度か自分で作ってみたが、どうやっても、あの甘くてなんとも言えない味を再現することはできないという。

テーブルの下

T君が所属する大学のラグビー部では、週に一度、学食の一角を借りてミーティングを行っている。

その日はチーム分けの話が長引き、気がつけば窓の外はすでに暗くなっていた。

終わりの見えない重苦しい空気の中、突然マネージャーが、

「あれっ、テーブルの下に何かいません？　のら猫かなぁ？」

その声に釣られ、部員たちが一斉にテーブルの下を覗き込んだ。

——スルッ……

T君の向こうずねに、長いしっぽがすり抜ける感触があった。

どうやら本当に猫が紛れ込んでいるらしい。

他の部員たちも「おっ」「いる！」などとテーブルの下を覗きながら声をあげている。

こうなると会議はそっちのけで、まずは猫を捕まえようという空気になっていた。

T君も居場所を確かめようと必死に覗き込むが、長テーブルをくっつけ合った足元は予想以上に暗く、様子がわからない。

これでは埒《らち》が明かないと、部長の提案で、一旦テーブルから離れようということになった。T君たち部員は取り囲むようにテーブルの周りに並ぶと、全員が猫が飛び出したら捕まえようと身構えた。

ところが彼らは、改めてテーブルの下を見て息を呑んだ。

テーブルの下に猫とは思えない黒い物体がいる。モヤモヤとして形をなさないそれは、影の中をもの凄いスピードでグルグルと回っていた。

「えっ……なんだよあれ？」

全員が自分の目を疑った次の瞬間、

——キャーッハハハハハ！　アハハハハハハハハハハハ……

T君たちの耳に、甲高い女の哄笑《こうしょう》が飛び込んできた。

「うわぁぁぁぁぁぁ!!　で、出たぁ——————!!」

ひとりがあげた絶叫をきっかけに、T君たちは我先にと学食から逃げ出した。

廊下に飛び出し振り返ると、誰もいなくなった学食では、女の声が響き渡っていた。

その後、ミーティングは、テーブルの無い場所でする決まりになった。

ノック

Xさんは、学生時代に大学の近くの安アパートに住んでいた。

「親の仕送りがなかったんでね、学校が終わればその足ですぐにバイトだし、アパートなんて、夜寝られればいいので、値段だけで決めたんです……」

ところが、そんな風に選んだアパートが、逆に仇になったのだという。


――トントン……トントン……


引っ越してまもなく、真夜中にXさんは誰かが部屋のドアを叩く音で起こされた。

枕元の時計を見ると夜中の二時を回っている。

「……はい？」

朦朧としながら、ノックに応えると、声が聞こえたのかノックはぴたりとやんだ。

「どちらさまですか？」

ところが、いつまで経ってもドアの向こうから、返事がない。

もしかしたら、寝ぼけて何かを聞き違えたのかもしれない。彼はそう思うと目を閉じた。

——トントン……

〈……ハイ〉

うとうとする中、どこか遠くでノックと返事が聞こえたような気がした。

(なんだ、他の部屋だったのか……)

Xさんは、そのまま深い眠りに落ちた。

しかし、次の日の夜もXさんはノックの音で起こされた。

時計は昨日と同じ二時過ぎ。また、他の部屋なんだろうと思っていたが、ノックの音は明らかに自分の部屋のドアからしている。

——トントン……

「誰ですかっ?」

いらだち紛れに声を張りあげ返事をする。昨日と同じくノックをする音がぴたりとやんだ。ドアの向こうからはそれ以上、返事もない。

いたずらにしては、あまりにも限度を超えている。

彼はドアの向こうに気取られないよう、そっと布団を抜け出しドアに近づくと、勢いよくドアを開けた。

ところが、ドアの前はおろか、真っ暗になったアパートの廊下に、人の姿はどこにも無い。もし誰かがいたのなら、廊下を歩く足音なり、気配がするはずだ。

（やっぱり、聞き違いだったのかなぁ……）

Xさんは、首を捻りながら部屋へ入ると、布団に潜った。

しばらく目を閉じているうちに、再び眠気が襲ってくる。

――トントン……

〈……ハイ〉

遠くでノックと返事が聞こえた。


Xさんがそのアパートに住んで、一ヶ月が過ぎた。

相変わらず、毎晩真夜中になると、決まって誰かが部屋のドアをノックした。

初めのうちは、ノックの主を確かめようと、ドアを開けて廊下を見ていたが、やがてそれも面倒になり、布団から起き上がることもなくなっていった。

「多分いたずらなんでしょうけど、他の部屋でも〝はい〟って返事しているみたいで。それさえすれば、それ以上何も無いってことに気づいたんですよ……」

以来、彼はノックが聞こえると、反射的に返事をすることで、その場をやり過ごすことにしたのだという。


ところが、あまりにもバイトが忙しかったある日。

Xさんは、部屋に戻るなり布団の上に崩れ落ちると、泥のように眠り込んでしまった。

――トントン……トントン……

部屋のドアを叩く音が聞こえる。時計は四時を指している。

（えっ、四時？）

――トントン……トントン……トントン……

ずっと返事をしなかったせいだろうか。ドアを叩く音はいつもより強く、一定の間隔で繰り返されている。

（もしかして、こいつは俺が返事しないから、ずっとノックしていたのか……）

Xさんは、この時初めて、ドアの向こうの相手が怖いと感じた。

慌てて「はい」と返事をしようとしたが、何故か体がぴくりとも動かず声も出せない。

――トントン……トントン……トントン……トントン……トントン………

繰り返し繰り返し、ドアのノックは続いた。

やがて、空が白み部屋に光が差し込む頃になると、ノックの音はしなくなった。

しばらくして、体は動くようになったが、Xさんは廊下に出て、相手を確かめようとは思わなかった。

「さすがにヤバイと思ったんですけど、引っ越すにもお金がないもんで……」

Xさんは、引っ越し代を貯めるべく、それまで以上にバイトに精を出した。

しかし、それが元なのか、彼は体調を崩して入院してしまった。

連絡を受けて、実家から母親と妹のサエコがやって来た。

母親は病室に泊まり込みで付き添うことになり、サエコはXさんの部屋に泊まって、掃除と入院中に必要な身の回り品を持ってくることになった。

アパートに向かうサエコを怖がらせてはいけないと、Xさんはノックのことを何も言わなかった。

翌朝、部屋の荷物を持ってサエコが病院へやって来た。

顔を見ると、寝不足なのか目の下が黒くなっている。

「お兄ちゃんのアパート、怖くない？　夜中に、誰かがドアをノックするんだよ。何もなかったからよかったけど、泥棒だったりしたら危ないよ」

「泥棒？　他の部屋に来た奴が、間違えただけなんじゃないの？」

「ううん」

Xさんがとぼけて見せると、サエコは首を振った。

「だって誰もいない部屋全部、ノックして回ってるんだもん」

「……誰もいないって？」

「お兄ちゃんのアパート。お兄ちゃん以外に、誰も住んでないでしょ」

Xさんは妹の言葉に、そんなはずはないと思った。だったら毎晩、真夜中にノックされる度、他の部屋から聞こえてきた「ハイ」いう声はなんだったのだろうか。

「朝、確かめてきたから、間違いないよ。あんな所にひとりで住んでると危ないよ」

Xさんは現在、実家近くの病院で今も入院生活を続けている。

お店の神様

Y君の家は、お祖父《じい》さんの代から地元で理髪店を営んでいる。

田舎ということもあって、お客の入りはいつもボチボチで、Y君はいつも小学校が終わると、お店に寄ってはお祖父さんと父親の仕事を眺めていたという。

しかし、彼にはいつも不思議に思うことがあった。

それは、店の待合室で見かける顔を知らない常連さん。

それはひどく痩せた年寄りで、いつも店の隅の丸椅子に座っている。

小さな町なので、大概の大人の顔は見かけたことがあるし、どこの家なのかは見当が付く。しかし、この老人がどこの誰なのかY君は、まったく心当たりがなかったという。

とはいえ、店で直接聞くほどの勇気はない。そこでY君は、夕食の時に思い切って聞くことにした。

「ねぇ、お父さん、いつも椅子に座ってる、痩せたおじいさんって誰なの？」

ところが父親は「気味の悪いことを言うな」と、彼の話を取り合ってくれない。

すると、それを聞いていたお祖父さんは、食事が終わるとY君を部屋に呼んだ。

「いいか、お店にいるおじいさんのことは、誰にも言っちゃだめだぞ……」

「えっ？　どうして？」

「他の人には見えないから、言っちゃいけないんだ」

「じゃぁ、お祖父ちゃんは、あのおじいさんのこと見えるの？」

「あぁ、見えるさ。……あれはな、神様さ」

「かみさま？」

「そう、神様。ここにいて、お父さんやお祖父ちゃんをじっと見てるんだ……」

そう言いながらお祖父さんは、そっと人差し指をY君の口にあてた。

「だから、神様を見ても誰にも言うなよ……」

一瞬、いつもは優しいお祖父さんの目が怖く見えたという。


翌日、お店を覗くと椅子には神様の姿があった。

お祖父さんはY君を見つけると、黙っていろよとそっと目配せをする。

Y君は、うんと頷くと何も言わなかった。


それからしばらくが過ぎた。

相変わらず、Y君のお店では、椅子に座る神様の姿が見えたが、それは彼とお祖父さんの間の秘密だった。

夏休み、Y君は何人かの同級生と連れだって、友達のシンジの家で遊んでいた。

しばらくの間はボードゲームでわいわいと遊んでいたが、日が暮れるにつれて同級生たちは、いつしかオバケの話をするようになった。

全員が順番に自分も知っている怖い話を披露していく。やがてY君の話す番になった。

彼は最近知ったばかりの、飴を買って赤ん坊をあやすという女の幽霊の話をした。

「そんなの、うそだね！　うそつき！」

話を聞いていたシンジが、突然Y君に食ってかかった。

「うそじゃないよ！　ほんとだよ！」

思わずY君が言い返す。

「じゃぁ、おまえその女の幽霊を見たのかよ！　どうせ本かなんかで読んだんだろ！」

たしかにシンジの言うとおり、話は本で読んだものだ。

「やっぱり見てないんだろ！　ほんとなんてうそじゃないか！」

「うそじゃないよ！　幽霊だけじゃないよ！　うちのお店には神様だっているんだぞ！」

そこまで言ったところで、Y君はしまったと思った。しかし、もう手遅れだった。シンジだけでなく、その場にいた全員が、神様を見たいと言い出した。勢いとはいえ、今さら断ることもできず、Y君はシンジたちを連れて家に向かった。

家に着くと、店はすでに営業を終えていた。

誰もいなくなった店内は、明かりが消えて暗くなっている。Y君は、そっと店の扉を開けると中に入った。その後をシンジたちが続いて入る。

中に入ると店は真っ暗で、辺りの様子がまったく見えない。とはいえ、電気を点ければ、家族に気づかれてしまうため、Y君たちは目が慣れるまで、しばらく息を潜めることにした。

やがて、次第に店の中が見えるようになってくると、

「おい、どこだよ……どこに神様がいるんだよ」

Y君のすぐ横で、シンジが言った。

薄暗い店の隅の方に目をやると、いつもの椅子に神様が座っているのが見える。理髪台の方向を見据えたまま、ただぼんやりと座っている。

「……そこだよ。その椅子の上に神様が座ってる」

店の奥に聞こえないよう、小さな声でY君が言う。

「え？　どこ？　どの椅子だよ？」

小馬鹿にしたように、シンジはつかつかと椅子に近づくと、そのまま座ってしまった。

椅子の上で、シンジと神様の姿が重なって見える。

「シンジくん、だめだよ！　そこに神様が座ってるんだから！」

思わず声をあげる。すると、それが聞こえたのか、それまで理髪台の方を見ていた神様が、Y君の方をくっと振り向いた。そして、座ったままの姿勢で、真っ直ぐこちらへとやってくると、抱きつこうと彼に両腕を回してきた。

「あわわわわわっ！　た、たすけてぇ……」

ひとりパニックになるY君と、何が起きているのか状況が掴めず慌てるシンジたち。

店の中は、一瞬で大騒ぎとなった。

「おまえら、何をしとるかっ！」

その時、騒ぎを聞きつけたお祖父さんが店に現れた。

ひと目で何が起きているのか察したお祖父さんは、裸足で土間に駆け下りると、

「こら、おまえの目当てはそっちじゃなかろう！　こっちへ来いっ！」

と、大声で叫び始めた。

神様は、その声でY君から離れると、お祖父さんの方に抱きついた。神様に抱きつかれ、

それを振り払うかのように体を揺さぶるお祖父さん。

しかし、お祖父さんの動きはゆっくり止まると、膝から土間に崩れ落ちていった。

お祖父さんは、遅れてやってきた父親の手で、すぐに病院へ運ばれたが、そのまま意識が戻ることなく、翌日亡くなった。

Y君とシンジたちは学校に集められると、それぞれの親と先生にひどく叱られ、夏休みの間の外出は禁止となった。

あれから数十年。彼は最近、あの神様は〝死神〟で、自分に気づいた者の魂を持っていこうと狙っていたのではないか、と思うようになったそうだ。

そしてまた、彼の身近には死神が見えている。

そういう理由

警備員として働いているQさんが、配属初日に体験したこと。

その日は、オフィスビルのロビーで立番することになった。

「あ、ごめん。そこじゃなくて、もう少し右側に立ってくれる?」

通行の邪魔にならないようにと、ドアの脇に立っていると、巡回に来た先輩のモリタから、立ち位置に指導が入った。

「でもあの……ここですと、来客とかの邪魔になりませんか?」

「いや、さっきの所だとちょっと具合が悪いから。言ったとおり、そこに立っててね」

そう指示するとモリタは、防災センターへと戻っていった。

しばらくの間、Qさんは指示通りの場所で立っていたが、通行人に避けられたり、邪魔だというような視線に曝《さら》されるうち、次第に位置を戻したいと思うようになった。

(モリタさんは、隅の方が具合が悪いって言ってたけど……ま、いっか)

タイミングを見計らうと、Qさんは最初に立った位置へ戻った。すると、

——ド————ン

真上から、とてつもなく重いものが、首の上に落ちてきたかと思うと、目の前が真っ赤に染まった。膝から崩れ落ち、前のめりで床に転がると、そのまま体が押しつぶされた。

起き上がろうにも息ができず、手足に力が入らない。

Qさんは、ジタバタしているうちに気を失った。


気づくと、Qさんはビルの防災センターのソファーに寝かされていた。

驚いて辺りを見回していると、モニターを監視していたモリタが振り返った。

「あ、起きた？　見事につぶされちゃったね」

と苦笑いしている。言われた意味がわからず、モリタの顔を見返していると、

「モニター見てたらさ、元の場所に戻ってたから、注意しに行こうと思ったんだけど……。まぁ、〝そういう理由〟だから、もうあそこには立たないでね」

と、モリタに釘を刺された。

しかし、彼の言った〝そういう理由〟については〝建築中の事故〟ということ以外、今もはっきりとは教えて貰えていない。

祖母の眼鏡

昨年、M下さんは祖母の葬儀に出るため実家へ戻った。

家に着くと、祖母の遺体はすでに両親に付き添われ、葬儀場へと運ばれたあとだった。

「ひと休みしてから、行けばいいか……」

彼女は、荷物を置くと居間の真ん中で腰を下ろした。

がらんとした家の中は、ひっそりと静まりかえっていて、なんだか自分の家ではないみたいだ。とりあえずテレビでも点けようと、彼女はリモコンを探した。

「あれっ?」

ちゃぶ台の上に、紫の風呂敷包みが置いてある。もしかしたら、両親が葬儀会場へ持って行き忘れたものかもしれないと、風呂敷包みに手を伸ばした。

開いてみると、生前祖母が気に入っていた着物や櫛などが、中に納めてある。

きっと、一緒に棺の中に入れて送り出すものなのだろう。彼女がそれらを眺めながら、祖母のことを思い出していると、中に見なれない眼鏡が入っているのに気がついた。

真ん丸のレンズに、無骨な作りのフレーム。汚れ具合からして明らかに年代物だ。

とはいえ、祖母が眼鏡をかけていた姿を、彼女は一度も見た記憶がない。それに、この眼鏡はどう見ても男物のようだ。

（お祖母《ばあ》ちゃんの物じゃないし、いったい誰のだろう……）

彼女は何気なくそれを手に取り、自分の目にかけると部屋の中を見渡した。度は思ったほど強くはなかったが、昔のレンズのためか所々部屋が歪んで見える。

彼女が、部屋の入り口の方を見た時だった。

襖の前に眼鏡をかけた背広姿の男がいる。男はこちらを柔和な笑みで見つめながら、ごく普通に立っている。

（えっ？）

彼女は慌てて眼鏡を外し確かめたが、襖の前には誰もいない。しかし、見間違いや、勘違いとは思えない。彼女は、恐る恐るもう一度眼鏡をかけてみた。

すると、レンズの向こう側に男の姿が見えた。黙ったまま笑みを浮かべ、男はこちらを見つめていた。怖いという感じはしなかった。それどころか、とても温かいものを彼女は感じたという。

あとで両親から、祖母には以前、病気で亡くなった許婚《いいなづけ》がいたことを聞かされた。

節電はしない

二十四時間営業のドラッグストアに勤めていたY本さんの話。

二〇一一年の春、震災の影響で電力不足となり、首都圏の各所で節電が行われた。

ネオンサインや店の看板、街路灯や自動販売機からも灯りが消え、彼の店も本部から、店の看板の灯りと店内の照明の一部を消灯するよう通達があった。

「と、いうわけで、チェックした場所の蛍光灯を外してきてくれるか?」

そう言って副店長が、店内の図面をY本さんに渡した。図面には赤い丸印で、蛍光灯を外す場所が書いてある。彼は、倉庫から脚立を引っ張り出すと、ひとり指示された場所の蛍光灯を外して回った。


一時間もしないうちに作業は終わり、外した蛍光灯を片付けていると、遅番で出勤してきた店長がそばに来て、

「作業が終わったところで悪いけど、店の奥一帯の蛍光灯を元に戻してくれるかな?」

と言いながら目の前で、申し訳なさそうに手を合わせている。

蛍光灯を外しすぎたのかと店の奥を見渡したが、別段そこだけ暗いようには見えない。

「でも、そんなに暗くは……」

「……お願いだから、すぐに戻してくれる?」

Y本さんは言いかけた言葉を飲み込むと、もう一度脚立を担ぎ、外したばかりの蛍光灯を手に店の奥へと向かった。


ところが、店の奥へ近づいた時、思わず足が止まった。

節電で薄暗くなった店の隅。棚と棚の暗がりに立つ、半透明の人影が見える。

目をこらすと、それは頭から防空頭巾を被った子供。ジッと立ったまま、上の方を見上げているその姿は、今にも消えてしまいそうなほど薄かった。

「すぐにわかりましたよ。店長が元に戻しておけって言う理由はこれだって……」

Y本さんは脚立に上ると、すぐに蛍光灯を元に戻した。

辺りが元の明るさに戻ると、子供の姿は見えなくなった。

「……まだいた?」

戻るなり店長に聞かれたが、Y本さんは何も答えなかった。

触れないでください

Jさんが、温泉旅行に出かけた時のこと。

訪れた公園の一角に、赤さびに覆われた大きな鉄の塊が置いてある。

なんだろうと思って、近づいてみるとそれは飛行機のエンジン。

「看板には、南方戦線で撃墜された飛行機のものだって書かれてましてね」

よく見るとエンジンには〝触れないでください〟と、注意書きがあったが、Jさんは折角だからと、構うことなくペタペタと触ってきたという。


旅先から戻ってきた、その夜のこと。

自分の部屋で寝ていたJさんは、真夜中に突然の痛みで目が覚めた。

「う、うわぁぁぁぁぁぁぁ!!」

まるでものすごい力で、背筋をねじ切られるような痛み。

やがてそれは腕や脚、首や肩や腰にも広がっていき、全身に無数の針を刺されたような痛みが走る。

Jさんはベッドの上で絶叫しながら、のたうち回った。

「死ぬぅぅぅぅぅ‼　痛いいたいいたいいたい‼」

Jさんの絶叫と激しい物音を聞いた両親が、彼の部屋に飛び込んできた。

「どうした⁉　何があった！　おい、J！」

父親が暴れるJさんの体に馬乗りになって、体を押さえつけようとするが、暴れてどうにもならない。

「おい、母さん、救急車！　救急車！」

部屋から飛び出した母親が、居間の電話に駆け寄り受話器に手を伸ばそうとした時だった。それを見透かしていたかのように突然、電話のベルが鳴った。

電話の主は、Jさんの祖母。

「Jに何かあった？　さっきから変な感じがして……」

Jさんの祖母は、昔から人の生き死にや、悪いことが起きるのを事前にわかったりする直感があり、地元の人に頼りにされている。

母親は、藁にもすがる思いでJさんの様子を伝えると、

「わかった……そしたら仏壇の前にJを座らせて、手を合わさせなさい」

祖母は少し強い口調で、そう言った。

両親は暴れるJさんを担ぐと、仏壇の前に座らせた。そして、彼の両腕を掴むと無理矢理合掌させた。

すると、今の今まで大暴れしていたJさんの体から、スッと力が抜け仏壇の前に崩れ落ちると、そのまま畳の上で寝息を立てて寝てしまったという。

「実際は何が起こったのかわからないんですけど、急に体の中から何か抜けていく感じがして、痛みがウソみたいに消えたんですよ」

目が覚めたら仏壇の前にいて驚いた、とJさんは笑った。

ナースコール

十年ほど前、私が入院中に、病院の別の入院棟で起きた話だ。

――トゥルルッ、トゥルルッ、トゥルルル……

深夜二時前に、ナースコールの音が響く。

「はい、どうされましたか？」

看護師のUさんがコールに応えるが、しかし相手からの応答はない。

パネルを見ると部屋番号は〝一四一一号室〟。

「どうしたの？」

Uさんの様子を見ていた主任が、彼女に問いかけた。

「あの……主任。この部屋って、一昨日《おととい》亡くなったマサキさんの個室なんですが……」

空室になったばかりの病室には、まだ新規の患者は入っていない。

「寝ぼけた誰かが入ることもあるんだから、とにかく確認に行って」

主任に言われて、Uさんは急いで部屋へと向かった。

一四一一号室に入って見ると、中はがらんとした空き部屋のまま。電気は消え、病室に人の入った様子すらない。


ナースステーションに戻って、しばらくすると、

——トゥルルッ、トゥルルッ、トゥルルル……

ナースコールが鳴った。パネルを見るとコール元は、さっきの一四一一号室。

(なんでまた……)

「どうせ、機械のトラブルかなんかだから、さっさと見に行きなさい！」

躊躇するUさんに、主任の声がかかる。

確かにコールが鳴った以上、何があっても現場に確認に行かなくてはいけない。

彼女は、ナースセンターを出ると、再び病室へと向かった。

(ウチの病棟は新築なんだし、オバケが出たなんて話、聞いたことないもんね)

そっと病室のドアに手を掛けると、中を覗き込む。

誰もいない真っ暗な病室には、月明かりが差し込んでいる。恐る恐る中へ入ると、異常がないかを確かめた。けれども、やはり誰かが入った様子はない。

(やれやれ……ほんと、迷惑よね)

そう思って、病室を出ようとした時だった。

――トゥルルッ!

誰もいない背後で、ナースコールのボタンが音を立てた。

『はい! どうかされましたか? もし、もし……U? いるの?』

スピーカーからは、応答する主任の声がする。

Uさんは、逃げ出すように病室を飛び出した。


その後も、一四一一号室からのコールは続いた。

当然部屋には誰もいないのだが、Uさんはコールが鳴る度に病室とナースセンターとの往復を余儀なくされた。


「もぉ、気持ち悪いんですよ~」

夜の巡回から戻って来たカトウさんに、Uさんが愚痴をこぼす。

「まぁまぁ……。患者さんの無事が一番なんだから」

――トゥルルッ、トゥルルッ、トゥルルル……

「またぁーっ? あ、これは車いす用トイレからでした。じゃあ、あたし行ってきますね」

Uさんは、廊下の突き当たりにあるトイレへと向かった。

車いす用のトイレは、スライド式のドアを開ければすぐに用の足せる個室トイレ。トイレの前へ来ると、磨りガラスの窓から中の明かりが見える。

「……すみません、どうかされましたか?」

呼びかけるが返事がない。

ドアには中から鍵が掛かっていて、中を覗くこともできない。この病棟のトイレには、センサーが付いていて、トイレに人がいる間だけ、明かりが点く仕組みになっている。

ノックしながら、何度も声をかけるが、中からは返事どころか人の動く気配もない。

(間違いない、これはきっと中で倒れている……)

大急ぎでトイレの合い鍵を出しドアを開けると、中へ飛び込んだ。

ところが、てっきり人が倒れていると思ったトイレの中には、誰の姿もない。

(間違いなく内側から鍵も掛かってたし、照明だって点いていたのに……)

Uさんは、声をあげるとナースセンターへ駆けていった。

「U!　あんた、こんな夜中に大騒ぎしたら、患者さんの迷惑でしょ!」

声をあげ逃げ戻ってきたUさんを、主任が厳しい口調でたしなめる。

「……だ、だって、また誰もいなかったんですよ……どうしてですか？」

震える声で訴えるUさんの言葉に、主任は口をつぐんだ。


──トゥルルッ、トゥルルッ、トゥルルル……

またも、ナースコールが鳴った。

「また車いす用のトイレからです……どうしましょう？」

「私が行くわ。担当の患者さんかもしれないし」

怯えきったUさんを見かねて、主任が立ち上がった。


トイレの前に着くと、スライド式のドアがわずかに開いて、中から明かりが漏れている。

「すみません、看護婦さん……」

声がする。どうやら今度ばかりは、患者さんのようだ。

「どうされましたか？　開けますよ」

主任はゆっくりとドアを開けながら、中を覗く。

便器の上には、一昨日亡くなったはずのマサキさんが腰掛けている。

「⁉」

「あ、主任さん……さっきから何度も呼んでたんですけどね……」

「ぃ、ぃ……‼」

あげそうになった悲鳴を、無理矢理飲み込むと、這うようにして廊下へと転がり出た。

トイレの中ではマサキさんが、おいでおいでと手をひらひらさせながら呼んでいる。

「……ぁ、ぁ、ぁ」

廊下でへたり込んでいる主任の目の前で、スライドドアがゆっくりと閉まっていく。

――ドーン
小さな音を立て、ドアが閉まった途端、トイレの中の明かりが消えた。

翌日、患者には知られないよう、一四一一号室に花が手向けられたという。

それ以降、このマサキさんからのナースコールはない。

山の祠

山歩きが趣味だというPさんが、都内近郊の山を訪ねた時のこと。

長年の趣味として続けている硬派の矜持《きょうじ》として、人混みができるような人気の山ではなく、最近はもっぱら知る人ぞ知る〝マニアな山〟に入るようにしている。

「いつもは登山道を使うんですけど、たまには自分なりのルートを探したくなりましてね」

よく来慣れた山ということもあって、その日はわざと山道から外れてみることにした。

草や藪《やぶ》をかき分けて獣道を進んでいくと、沢に小さな川を発見した。

(地図では何もないはずなんだが……。いや、載ってないだけなのかも)

偶然の新発見に喜びながら、地図に印を付け、川の流れに沿って歩くことにした。

Pさんには、この川の源流がどこにあるのかというのも興味があった。

かなり長い時間上流に向かって登っていると、急な山肌に小さな穴を見つけた。

洞窟と呼ぶにはかなり小さく縦横一メートルもない。

Ｐさんの知る限り、この辺りに鍾乳洞はないはず。おそらく何かの拍子で土砂が崩れてできた自然の穴なのだろう。

興味をひかれたＰさんが穴の中を覗き込むと、とても古い、小さな祠《ほこら》が置かれていた。

高さ三十センチもない、小さな祠だった。

（地元の人しか知らない、山の神様でもお祀りしてるのかな）

不思議なものを見つけて、Ｐさんは穴の中を覗き込んだ。

祠は全体的に白茶けた木の地肌に、土埃が薄く積もっている。かなり長い間放置されたままで、お参りに来る人もいなかったのだろう。

（完全に忘れられてしまったみたいだなぁ……）

Ｐさんは軍手を着けた手を伸ばし、ささっと周りの土埃を払った。

そして、何気なく祠の扉に手を掛けると、少しだけ開けてみた。

「……え？」

何か、見てはいけないものを見てしまった気がして、すぐに扉を閉じた。

古い祠の中には、これまた小さな指人形ほどの大きさの、布でできた人形が入っていた。

小さな布の人形がご神体というのだろうか。

Ｐさんはすぐにその場を離れると、登山道に戻り山を下りた。

その夜、Ｐさんが自宅で寝ていると不思議な夢を見た。

それはＰさんが、今日歩いた獣道を歩いている夢。

小川の上流に向かっている。

（いや、これはまずい。早く登山道に戻って下りなきゃ！）

意識ではそう感じているのだが、夢の中のＰさんは勝手に上流を目指して歩いていく。

やがて道は見えなくなり、Ｐさんは周囲の草木が密生している中へと分け入っていく。

草木がどんどん迫ってきて、ついにＰさんの体は身動きが取れなくなってしまった。

（う、うわ――――‼）

パニックになりながら、手足をめちゃくちゃに振り回して、夢の中で絶叫した。

「うぁぁ………ハッ‼」

目を開けると、体の側にぐしゃぐしゃに丸まった掛け布団が見えた。

Ｐさんが格闘していた草木の正体は、布団だった。

「そうだよ……ちゃんと家に帰ってきたじゃないか」

夢の中での必死さに苦笑して、部屋の中を見回すと、何か様子がおかしい。

「あっ！」

天井が樹木に覆われていた。
天井から吊り下げられている蛍光灯や、火災報知器はいつもの場所にある。
だが、本来は天井板ののっぺりした背景が、みっしりと枝葉に覆われているのだ。
「いや、そんなはずは……」
Pさんが起き上がろうとしたが、体が動かない。
金縛りではなく、正確には、腰が動かせない。
唯一動かせる視線で、天井を見ると、風もないのに天井の樹木の葉が揺れている。
（山で見ちゃいけないものを見たからだ。あそこに戻らなきゃいけない）
Pさんは直感的に、お詫びに行かなくてはと思った。
（すみません。必ずお詫びに参りますので、どうか私を帰してください）
目を閉じて、そう祈った。
しばらくすると木々の葉ずれの音が聞こえなくなった。
Pさんがそっと目を開けると、樹木はすっかり消え、天井はいつもの姿に戻っていた。
夜が明けると、Pさんは会社に休みの連絡を入れ、再び山に向かった。
地図に付けた印を頼りに、獣道から小川にたどり着き、その上流を目指す。

「あった。ここだ……」

山肌に昨日の小さな穴を見つけ、Pさんはほっとした。

(すぐに神様に謝らないと……)

そう思って穴の前にひざまずいた。

「えっ?」

祠の扉が大きく開いている。中には昨日見たはずの小さな人形――ご神体の姿はなかった。近づいてよく見ると、祠の扉は腐って外れ落ちていた。

祠の中には、かなりの土と枯れ葉が吹き溜まっている。

たった一晩で、何十年も過ぎてしまったかのような変わり様に、Pさんは言葉を失った。

「私が扉を開けてしまったせいで、神様の力が抜けてしまったのでしょうかね?」

翌年、再び穴を訪れてみると、祠はすっかり朽ち果て、バラバラになって地面の上に崩れ落ちていた。

すな

Oさんは、小学生になる息子のリョウタロウを連れて、近くの公園に出かけた。

息子を広場で遊ばせると、少し離れたベンチに座り、タバコに火を点けた。

タバコの煙をくゆらせながら、初夏の公園の緑に目をやっていると、不意に背後に人の気配を感じた。公園内は一応禁煙。文句を言われたらたまらないと、ポケット灰皿に、ぐいっとタバコをねじ込むと、そっと後ろを振り返った。

ところが、後ろには滑り台と砂場があるだけで、遊ぶ子供もその親の姿も見当たらない。

（ちぇっ、火を点けたばかりだったのに……）

小さく舌打ちをして、向き直るとズボンのポケットから、タバコを取り出した。

――サササ――――――ッ
突然、背後の滑り台の方で音がした。

振り返ると、滑り台の上をたくさんの砂が滑り落ちている。どこから現れたのかわからないほどの大量の砂。子供が砂を運んで落としたのかと、見回したが誰の姿もない。

滑り落ちた砂はすべて、その下の砂場へと流れ落ち、砂場にはちょっとした砂の山ができていた。

（黄砂《こうさ》が飛んできたとしても、滑り台にだけ降るわけないよな……）

首をかしげながら、前に向き直ると、手に持ったタバコに火を点けた。

——サササ——————ッ
びっくりして振り返る。

すると、さっきと同じ、滑り台の上をたくさんの砂が滑り落ちている。

「お——い、リョウタロウ！　帰るぞ！」

ベンチから立ち上がると、Oさんはリョウタロウの元へ駆け寄った。

「え——っ？　だって、さっき来たばっかりじゃん」

「うるさい、お父さんだって忙しいんだよ！」

遊び足りないと、ふくれるリョウタロウの腕を掴むと、急いでその場から離れた。

帰りがけ、滑り台の方を見ると砂場の上には、小さな子供ほどの砂山ができていた。


Oさんが公園の滑り台で砂を見てから、数日が経った日のこと。

仕事を終え、家に入ると玄関が砂まみれになっている。

それは、靴に付いた砂が落ちたといった程度の量ではなく、明らかに砂を撒いたとしか思えないほどの量。置いてある靴のほとんどが、砂を被って白くなっている。

「おーい、ちょっと来てくれる？」

奥に向かって声をかけると、エプロンで手を拭きながら妻のエミコがやって来た。

「おかえりなさい、あら？　これどうしたの？」

エミコも玄関が砂まみれになっているのを見て驚いている。

「聞きたいのはこっちだよ。どうなってるんだ、これ？」

そう聞かれても困るという風に、エミコもしきりに頭を捻っている。そこへ塾からリョウタロウが戻ってきた。

「わっ、どうしたの、この砂？」

結局、その晩はどこから砂が来たのか、わからないままになった。


いつしか季節は秋になった。

玄関が砂まみれになったことも、すっかり忘れていたある日のことだった。

真夜中、二階の子供部屋から「わーっ」という、リョウタロウの叫び声がした。

「どうしたんだ？　何があった？」

二階に駆け上がり、Oさんが声をかけると、リョウタロウがわっと抱きついた。

「し、知らない子が、ぼくの布団に寝てる……」

「知らない子？　そんな馬鹿な。寝ぼけたんじゃないのか？」

「ほんとだってば！　小さい子がすぐ横に寝てたんだよ」

部屋の布団を見ると心持ち、掛け布団の真ん中が盛り上がっているように見える。Oさんは、部屋に入ると、布団に手を掛け、ゆっくりと持ち上げた。

（……⁉）

布団の中に、息子の言う小さな子はいなかった。

代わりに、黒く濡れた砂が、敷き布団の上に小さな山を作っていた。


さすがにここまで続くと、Oさんは公園で見た砂が何か関係しているのではないかと思うようになった。

そこで、ひとりで公園に行って、もう一度滑り台を確かめてみることにした。

仕事帰り、公園に立ち寄ってみると、滑り台の周りが黄色いテープで囲まれている。

何だろうと思って近づくと、

〝先日、砂場の砂の中に大腸菌が確認されましたため、砂場並びに滑り台は、当面の間、使用を禁止させて頂きます〟

という役所が張った注意書きがあり、砂場の上には子供が遊ばないようにと、青いビニールシートが敷かれている。様子から見て、夏頃から使われていないのは明らかだった。

（ただの、俺の思い過ごしか……）

そう思って、Oさんがその場を後にしようとした時だった。

〈………パ、パ〉

砂場の方から、小さくくぐもった男の子の声がした。

——ガサガサガサガサガサガサ……

砂場に掛けてあったビニールシートが、突然音を立てた。シートの真ん中がゆっくりと盛り上がり、それに引っ張られるように、四方が徐々にめくれていく。やがて、シートの中央は、五十センチほどの高さになった。

〈……パパ、パパ〉

シートの中から、男の子の声。

〈……パパ、パパ、パパァ——！〉

声は次第に大きくなる。

——ガサガサガサ……

シートが、風にあおられように、ゆっくりとめくれてゆく。やがて、その下から足を折り、砂の上に膝をついている男の子の姿が現れた。

〈ネェ、パパ……〉

すぐ耳元で、男の子の声がした。


Oさんは、大慌てで家に逃げ帰った。どこをどうやって帰ったのか覚えていないが、家に着いた時には、体中傷だらけになっていた。

翌朝、部屋のドアを開けようとすると、いやにドアが重い。力一杯ドアを押し開け、廊下へ出ると、廊下は砂まみれになっていた。


しかしその後、砂が現れることはなかった。

それからひと月ほど後になって、公園を覗いて見ると、砂場と滑り台は撤去され、花壇になっていた。

リフト

N下さんは数年前、友達のノブコとスキー場に出かけた。

ノブコとふたり、ゲレンデのリフトに乗っていると、下りてくるリフトの上に、子供がひとり座っているのが見えた。年格好は小学校五、六年生くらいの女の子、スキーの板を履いている。

（上に行ったけど、滑って下りるのが怖くなっちゃったのかな？）

今時珍しい赤い毛糸の帽子と、ヤッケに綿入りズボンのような、古めかしい服装。

やがて互いのリフトが近づき、横をすれ違う瞬間、女の子はN下さんたちに向かって
「ばいば〜い！」と大きく手を振った。

つられてN下さんたちも「ばいば〜い！」と手を振り返した。

しばらくすると、またリフトに誰かが乗って下りてくるのが見えた。

見ると赤いニット帽をかぶった女の子で、見た目はさっきの子とまったく同じ。

（えっ？　双子？）

すれ違う瞬間、「ばいば〜い！」と手を振られたので、振り返した。

「こんなところで双子なんて、珍しいね」

隣のノブコに話しかけると、ノブコは驚いたような顔で前を指差す。

差した先には、リフトに乗って下りてくる赤いニット帽の女の子。

女の子はN下さんたちを見つけると、すれ違いざま「ばいば〜い！」と手を振った。

結局、N下さんたちはリフトで上がる間に四回、同じ女の子とすれ違った。

床の間

H寺さんは、会社の出張で大分に行った。

難攻不落の商談が晴れてまとまったので、足を伸ばして近くの温泉街へと向かった。

「自分へのご褒美にと思って、ふらっと行っちゃったのが失敗でして……」

当然、予約もなくいきなり行ったところで、そうそう空いている宿は見つからない。

何軒か回ってようやく見つけたのは、温泉街から少し離れたお洒落《しゃれ》なホテルだった。

「あいにく大部屋と、小さめのお部屋しかないんですけれども……」

従業員にそう言われ、H寺さんは小さな座敷を選んだ。

通されたのは二階の奥にある部屋で、入ってみると七、八畳ぐらいはある。お洒落さが売りのホテルらしく、小さな縁台や床の間など、なかなか贅沢な気分にさせてくれる。

(言うほど狭くはないし、ビジネスホテルに比べたら天国だな……)

ふと床の間の掛け軸が目に入った。

ホテルの掛け軸にしては珍しく、花や山水画ではなく、何故か横を向いて正座する侍の姿が描かれている。これも、このホテルのセンスなのだろう。

H寺さんはひとり納得し荷物を下ろした。

あまり客の出入りがない部屋なのか、どことなく埃っぽい感じがするが、飛び込みで見つけた部屋としては上々だ。H寺さんは、すぐに楽しみにしていた露天風呂に向かった。

（いや〜、久々の温泉は最高だねぇ〜）

風呂から上がったH寺さんは、ホテルの自販機でビールとつまみを買い込むと、部屋に戻って寝酒を堪能した。心配していた商談が無事成立したことで緊張の糸が切れたのか、いつもは酔いつぶれることのないH寺さんも、いつの間にか眠ってしまっていた。

〈オイ……、オイ……〉

夜中、誰かに肩をゆすられた。

目を開けると、部屋の明かりは点いたままになっている。

辺りを見渡すが誰かがいる気配はない。

起き上がってみると、床の間に掛けられた侍の掛け軸が大きく左右に揺れている。窓は閉まっており、室内に風はない。よく見ると、何故か掛け軸の下に飲みかけていたビールの缶がある。

「あれ？　あんな所にビールを置いたっけ？」

ぼーっとした頭で、しばらくの間床の間を眺めていたが、酒も残っていて眠い。

H寺さんは、再びごろんと横になると眠ってしまった。

〈オイ……、オイ……〉

しばらくして、また肩をゆすられた。

床の間を見ると、掛け軸は相変わらず揺れている。

(これはあの掛け軸が俺を呼んでいる、ってことか？)

時計を見ればもうすぐ四時。こんな時間に部屋を変えてもらうのも面倒だ。

(勘弁してくれよ〜)

H寺さんはごろごろと畳の上を転がると、床の間から見えない場所へ移動した。

——ギィッ、……ギィッ
相変わらず音は続いている。しばらく待てば、静かになるだろうと思ったが、音はやむどころか次第に大きくなってゆく。H寺さんは恐る恐る首を伸ばすと、床の間を覗いた。

掛け軸はいまや暴れるように大きく左右に揺れていた。よく見ると掛け軸の後ろから長い爪を生やした三本の指が伸び、掛け軸を左右から掴んでいる。

——ギィ、ギィ、ギィ、ギィ、ギィ、ギィ、ギィ
あまりにも音がうるさいので、H寺さんは思わず「うるさい！」と怒鳴った。

——ギィ…………………

突然怒鳴られ驚いたのか、掛け軸の揺れはピタリと収まった。

H寺さんは、やおら起き上がると床の間の前に立った。

掛け軸の下には飲みかけのビール缶が転がっていたが、中身は一滴も残っていなかった。

「そうか、これはおまえが飲んだんだな。で、まだ欲しいって呼んだのか？」

H寺さんは、残っていた手つかずのビールを空けると、掛け軸の前に置いてやった。

翌朝目を覚ますと、掛け軸の前に置いた缶ビールはすっかりカラになっていた。


半年後、再び大分を訪れたH寺さんが温泉街に行くと、ホテルの様子がおかしい。

建物の周囲は鉄パイプの無粋な足場と、青いビニールシートですっかり覆われている。

従業員に訊くと、数ヶ月前に火事が起きて二階が全焼し、現在復旧工事中なのだという。

「そうかぁ……。前にお侍さんの掛け軸があった部屋に泊まったんだけど、あそこも焼けちゃったの？　気に入ってたんだけどなぁ……」

「いえ、幸いあの部屋だけは焼け残っておりますので、二階が復旧しましたらぜひ……」

「きっとあの掛け軸の中にいる何かが、部屋を守ったんでしょうね」

H寺さんは、今度は良い酒を持ってあの部屋に泊まってみたいそうだ。

風呂のない部屋

添乗員のT島さんが、あるツアーで平賀の方に出掛けた時のこと。

ホテルに入ってお客さんのチェックインを済ませると、フロントの人から、

「申し訳ありません、添乗員さんのお部屋のお風呂の排水が壊れておりまして、お風呂は大浴場の方でお願いできますか？」

と言われた。

T島さんはもともと大浴場を使うつもりだったので「あぁ、構いませんよ」と言うと、そのまま部屋に向かった。

小さめの和室で、部屋風呂はトイレとは別になっているのだが、その扉には「開けるな」と書かれた紙が貼ってあった。紙は少し黄ばんでやや波打っており、最近貼られたものではないらしいことがわかる。

（そんなに長い間、放ってあるのか）と思いつつ、すぐに忘れて大浴場へと向かった。

その夜、T島さんがその部屋で寝ていると、

――カリカリカリカリカリカリ……カリカリカリカリカリカリ……

と変な音がする。

（何の音だ……？）と思っていると、突然、音が激しくなった。

――ガリガリガリガリガリガリガリガリ！

どうやら爪で畳を掻き毟っている音らしい。

真っ暗闇の中、ガリガリと激しい音が響く室内を見回すが、何もない。ただ畳を掻き毟る音だけが響いている。

やがて、カリ……カリ、カリ……カリ……と急激に音は小さくなっていった。

T島さんが電気を点けると、部屋にはT島さん以外には誰もおらず、畳もなんともない。

翌朝、チェックアウトの時にフロントで音について訊いてみた。だが、

「それは申し訳ございません、空調の具合でしょうか……」

というだけで、何も知らない様子だった。

一年後、同じホテルにT島さんが仕事で訪れた際のこと。

昨年と同じ部屋に通され、部屋風呂を見るとやはり「開けるな」という黄ばんだ紙が扉に貼ってある。部屋風呂は故障中で、大浴場を使ってくれという説明もまた同じだった。

そして夜にはまた、カリカリカリ……という謎の音が中から聞こえ、しかも去年と同じように一旦激しくなったあとに、すぐ収まった。

（ははぁ、これは空調のせいじゃないいな）と思い、暫く布団の上に立ち上がったまま部屋を見回していると、

「こほん」

女性が咳込むような声が、部屋のどこかから聞こえてくる。

明かりを点けているせいか恐怖はさほど感じない。さらに耳を澄ますと、音は部屋風呂の方から聞こえてくるのがわかった。

恐る恐る近づいて風呂場の扉を開ける。誰もいないのに、「こほん、こほん」という咳の音だけが響いている。

さすがに薄気味悪くなったT島さんは、扉を閉めると電気を消して布団に戻った。

するとしばらくして、また枕元で「こほん」という咳の音が聞こえる。

びっくりして目を覚ますと、枕元で「ようこそおいでくださいました」と女性の声が聞こえる。

「お部屋の様子はいかがでしょうか？　ここのお部屋を担当させていただきます、○○と申します」

むろん部屋は真っ暗で誰もいない。なのに声だけが、「お茶はこちらのポットを使って頂いて……あとテレビはこちらの……」と部屋の説明をしていく。

「声」はひとしきり部屋の説明をし終えると、「こほん、こほん」と咳込みながらお風呂場の方へと戻っていった。

翌朝、ホテルのフロントにそのことを伝えると、あーあという顔をする。

「昔、呼吸器の悪い仲居さんがいたらしいんですが、お掃除の最中に発作を起こして亡くなったそうなんです、以来、ずっとお部屋で掃除や接客を続けているんですが、どうもいつもはお風呂場にいるらしくて。そこを開けると、出てきてお仕事を始めてしまうんですよ。だから、お風呂場のドアは開けないようにって書いてありましたでしょ？」

挨拶

添乗員をしているT島さんの話。

「はい、これ。行く前にちゃんと読んでおけよ」

そう言って同僚のスズキがメモを差し出した。

それを受け取ったT島さんはすぐに開くと中を見た。

「【厳守!!】
部屋に入ったら、カーテンを開けて『よろしくお願いします』。
適当な挨拶はNG、心を込めて。
開けたカーテンはちゃんと閉める。
坊主が出たら、すぐに部屋から出る」

メモには乱暴な文字で、意味不明なことが書き綴ってある。

「なんすか、これ?」

「いや、お前が今度Fホテルに添乗で行くって言ったら、ツカジ先輩が渡しとけってさ」

事情が飲み込めず、T島さんは先輩のツカジさんの元へ向かったが、入れ違いで会うことはできなかった。

仕方なくポケットにメモを突っ込むと、T島さんはツアーの集合場所へと向かった。


翌々日の夜、ツアー一行は予定通りFホテルに到着。チェックインを済ませ、お客が全員部屋に入ったのを確認すると、T島さんは自分の部屋へと向かった。

中に入ると、客室とは違ってずいぶん狭い。

内装は古いままだし、どことなく室内は薄暗く、じめっとしている。

(ま、添乗員部屋って、どこも似たようなモンだよな)

T島さんは部屋に荷物を下ろすと、早速持ってきたノートパソコンで明日のスケジュール確認を始めた。

携帯電話を掛けながら、立ち寄り先一軒一軒に予定の最終確認を行っていると、

——ダンダンダン!

いきなり窓が外から叩かれた。

びっくりして立ち上がると、電話を続けながらカーテンを開けた。

ところがこの部屋は二階。窓の外に人影はおろか、人が立てるような場所すらない。
ガラスに顔を近づけ、下を覗こうとした時だった。
――ダーン!!　ガラス窓が激しい音を立てた。
その時、T島さんは先輩からもらったメモのことを思い出した。
急いで電話を切り上げると、ポケットに手を突っ込みメモを探した。
しかし、どこかで落としてしまったのか、メモは一向に見つからない。
――ダンダンダンダンダンダンダンダンダン
慌てふためく彼の目の前で、窓は激しく音を立て始めた。
(なんだっけ⁉　なにすりゃよかったんだっけ……そうだ、あいさつだ‼)
「こんばんはーっ！」
――ダンダンダン！
大きな声で叫んだが、音は一向にやまない。
「すみませぇーん！　お邪魔しまーす‼」
――ダンダンダン！
「あれッ？　違うな……なんだっけ……よ、よろしくお願い、します？」
――ダンダン……

T島さんの声が聞こえたのか、音はピタリとやんだ。

そこに、取引先からの電話が鳴った。用件は明日のことだろう。すぐに電話に出ると、窓のことなど忘れて話し始めた。

ところが、十五分も過ぎたところで、

――ダンッ！　……ダダダダダダダダダダダダダ
再び窓がけたたましい音を立て始めた。

びっくりして窓の方を振り返ると、カーテンの開け放たれた窓の向こうに浮かぶ坊主の姿が見えた。

――ダダダダダダダダダダダダダダ
「よろしくお願いします、よろしくお願いします、よろしくお願いします……」

大きな声で何度叫んでも、音はやむ気配がない。

これはダメだと観念したT島さんは、部屋を飛び出した。

フロントで今起きたことを話すと、

「ああ、叱られちゃったんですか。会社でなにも聞いてませんでした？」

その晩、T島さんが寝たのは誰もいなくなった宴会場だったそうだ。

ピンポーン

ある夏、東京で暮らしているM田さんは、震災で被災した故郷へ久しぶりに戻った。

故郷に自分の家族は既に誰も住んではいないのだが、昔の知人たちの安否が心配になり、小学一年生になるタダシを連れて行った。

幸い知人の多くは無事だったが、街は津波の影響ですっかり様子を変えてしまい、昔の面影はどこにもない。

腹が減ったので、どこか食事ができる場所はないかと探していると、一軒のラーメン屋を見つけた。

（ここは大丈夫だったんだ……）

海岸線から少し離れていたおかげで、店は津波の影響もなく、以前の姿で営業している。

懐かしさを感じながらM田さんは店に入った。

——ピンポーン
自動ドアが開くと、来客を知らせるチャイムが鳴る。

中に入ると目の前には五人掛けのカウンター。その横には小さなテーブルがふたつ置かれた畳敷きの小上がりがあって、奥のテーブルではふたり連れがラーメンをすすっている。

（昔のまんまだなぁ〜）

ただ昔と違っていたのは、カウンターの上に店主がどこかで買い集めてきたらしい民芸品が山のように並んでいたところで、手彫りの熊やこけし、人形ケースが邪魔になってカウンターの奥がまったく見えない。

M田さんは、小上がりに上がると、手前のテーブルに腰を下ろした。

「いらっしゃい〜」

チャイムの音を聞いて、カウンターの奥から店主が水の入ったコップを持って現れた。

「えっと、ラーメンひとつと、取り分ける小さなお皿もらえますか？」

「あいよ、ラーメンひとつね」

注文を聞くと、店主はカウンターの奥へと戻っていく。


「ぴんぽーん！」

突然、目の前に座っていたタダシが大きな声をあげた。

「ぴんぽーーん！　ぴんぽーーん！」

タダシの様子を見たふたり連れが、微笑《ほほえ》みながらこちらを振り返る。

「坊や、そりゃチャイムの真似かい？」

ところがタダシは返事もせずに「ぴんぽーーん！」を繰り返す。

「こら、タダシ。静かにしなさい」

「ぴんぽーーん！　ぴんぽーーーん！」

いくら言ってもタダシは、連呼をやめようとしない。

さすがに店主がカウンターの奥から現れると、

「坊や、ちょっと静かにしてくれないか？」

と言う。遂にM田さんも「こら！」とタダシの頭をはたいた。すると、

「ボク、わるくないよ！　わるいのは、お店のおじさんだもん！」

と店主を指差す。

「おじさんの、どこが悪いんだい？」

いきなり子供に悪者扱いされ、怪訝《けげん》そうな顔で店主が聞き返すと、

「だってお客さんが来てるのに、おじさんが気づかないじゃないか。だからボクが、ピンポーンっておしえてあげてるんだもん！」

と言う。しかし、M田さん親子が店に入ってからは、誰ひとりやって来てはいない。

「来てるよ！　さっきから四人もお客さんが来たけど、ピンポンならないから、ボクがお

しえてあげたんだよ。なのにおじさんが出てこないから、お客さんお店を出たり入ったりしてて、かわいそうだよ！」

「……坊や、そのお客さん、本当に来たのか？」

店の親父が聞くと、

「来たんじゃないよ、まだいるよ！」

と、誰も座っていないカウンターの方を指差す。

「坊主、その人たち、どんな格好かわかるか？」

「うん、そこのおじさんはオレンジのぼうしをかぶってて、このおじさんは黒くてながいズボンをここまではいててね……」

とお腹のあたりを指差す。

「で、このおじさんは……」

身振り手振りを交えながら、必死に説明するタダシの話を聞く店主の目がどんどん潤んでいく。見ると隣のふたり連れも、目を潤ませているように見える。

「わかった。坊やありがとうな、おじさんが悪かった」

と、厨房の奥に消えていった。

しばらくして、店主は桝添さんのラーメンとは別に、四つのラーメンを持って現れると、それを誰もいないカウンターに置いた。

隣のふたり連れが、黙ってその様子を見ている。

「どういうことなんですか？」

M田さんが訊くと、

「さっきその子が言ってたのは、この店の常連だった人たちなんですよ……」

と教えてくれた。


店を出ようとすると、店主がタダシに聞いた。

「坊や、さっきのおじさんたち、まだ座ってるかい？」

「うん、まだ食べてる。おいしいっていってるよ」

M田さんは、春になったらまた息子を連れて、故郷に行こうと思っている。

殂《ユ》ク話

不動産業界には、心理的瑕疵《かし》物件と呼ばれるものが存在する。

瑕疵とは、本来あってはならないキズや欠点などの問題のことで、不動産の場合は、主に事件や人死にのあった家や部屋などを示す。そうした部屋では、次の入居者へその旨を事前に通知したうえで貸さなければならない場合がある。

二〇二〇年に東京都内で行われた検死数はおよそ一万四千件で、司法解剖の結果、自殺者や事件での死亡者と不詳の死亡者の数は合計で約三千四百人に上る。その半数近くが屋内での死だと仮定しても、今も千件以上の瑕疵物件が生まれているのではないだろうか。

R井さんの不動産会社にその瑕疵物件が回ってきたのは、夏の終わり頃のことだった。

それは、郊外にあるごくふつうの分譲マンションの一室。

元々、マンションの管理担当をしていたA社が持っていた物件だったが、A社が自社での販売をあきらめたため、R井さんの会社が安く仕入れたという。

瑕疵の理由は〝隣の部屋がうるさい〟という、よくある近隣トラブル。

「へぇ、築七年の３ＬＤＫで千九百万円なら、瑕疵でもすぐに売れそうですね」

先輩のイケダが、できあがったばかりのチラシを見ながらいう。

確かにこの値段なら、業界に入って間もないR井さんでも売れそうな気がした。

案の定、広告を出すとその日のうちに、詳しい条件を知りたいという電話が入った。

「はい、今からこちらにですか？　わかりました。えっと、カスヤ様ですね……」

電話を切ると、すぐにイケダがお客を駅まで迎えに出た。

ところが、一時間経ってもイケダは事務所に戻ってこない。駅まではたかだか五分ほどの距離。万一、お客と会えなかったとしても、事務所に戻ってくるくらいはできるはず。

「おい、ちょっとイケダの携帯に電話しろ！」

上司に言われ、R井さんが電話をする。しかし、呼び出し音が繰り返されるばかりで、イケダは電話に出ない。繰り返し何度も掛けてはみたが通じない。

ふとイケダの机を見ると、メモに〝カスヤ〟と書かれた番号が残っている。

R井さんはその番号に電話した。

「……はい、カスヤです」

電話に出たのは若い男性。すぐに、イケダのことを訪ねた。

「マンション？　迎え？　イケダさん？　……何の話です？」

男は突然の電話に困惑するばかりで、マンションのことは何も知らないと答えた。

その日、営業終了時刻になっても、イケダは事務所に戻らなかった。


イケダが事務所に来なくなって、数日が過ぎた。

オカダ主任が、アパートへ様子を見に行ったらしいが、しばらく帰ってきていないらしく、玄関には郵便やチラシが突っ込まれたまま。

既に携帯電話の電波は通じなくなり、連絡は取れなくなった。

しかし、半月も過ぎる頃には、イケダのことは誰も話さなくなった。


「おい、R井。ちょっと例のマンション、しばらく誰も行ってないから、あっちの方へ行った時にでも、覗いてきてくれるか？」

ある日、そう言ってオカダ主任が、マンションのキーを投げてよこした。

R井さんは翌日、お客に他の物件を案内した帰りに、マンションへ立ち寄った。

エレベーターを五階で降り、通路を歩いていると、部屋の前に黒いジャンパーを着た男が立っている。初夏というのに、ジャンパー姿とは奇妙だと思いながら近づくと、男はドアを開け、すーっと部屋の中へ入ってゆく。

（空き巣か⁉）

通路を走り、部屋の前まで来るとドアノブを掴んだが、鍵が掛かっていて開かない。急いでズボンのポケットからキーを出して開けると、R井さんは中へ飛び込んだ。

部屋の中のむっとした熱気が肌にまとわり付く。玄関には男の靴はない。

（土足かよ！　ふざけやがって……）

緊急事態だと判断し、R井さんも土足のまま、部屋の奥へ進んだ。

書斎、和室、ダイニング、バス・トイレ……。手前の部屋から順に見たが、男はどこにもいない。残るは奥のベッドルームだけ。

R井さんは、ドアをそっと開けると恐る恐る中を覗いた。

ところが、ここにも男の姿はない。

こうなってしまうとさすがに、R井さんは自分の目を疑い始めた。

（……もしかして俺、隣の部屋の人と見間違えたのか？）

そう思うと、ひとり大騒ぎしたことが、急に恥ずかしくなった。

ふと足下を見れば土足のまま。苦笑いしながら、靴を脱ごうと片足を上げた時だった。

――ドンッ！

不意にベッドルームの壁が、大きな音を立てた。

――ドン！

隣の部屋の住人が、壁に何かをぶつけたのだろうか？

――ギィッ、ギィッ、ギィッ、ギィッ、ギィッ……

部屋の中に、ギィギィという音が響く。

それは、激しくベッドが軋む音。

（はは～ん、これが例の〝隣の部屋がうるさい〟ってやつだな）

R井さんは、瑕疵の理由をひとり納得をすると、部屋を出た。


しばらくして、この部屋の営業担当だったオカダ主任が、会社に来なくなった。

家族の話では、その朝もいつものように出勤したのだという。

イケダに続いて、主任までもが突然いなくなってしまったことで、さすがに社内でも「あの部屋はヤバイんじゃないの？」という噂が立ち始めた。


そんなある日のこと。R井さんは変な夢を見た。

気がつくと彼は、見覚えのある部屋の中をひとり歩いていた。

どうやらそれは、あのマンションの部屋。

夢の中の彼は、何故か皮のグローブを嵌《は》め、辺りを伺いながら部屋の奥へと進んでゆく。

廊下を真っ直ぐ進み右に曲がると寝室の前。ドアを開け、中を覗く。

すると、ドアの向こうは大きな川になっている。

黒く濁った水がごうごうと音を立てて流れてゆく。

（……なんでこんなところに川があるんだよ）

突然、背中を誰かにトンと押されたかと思うと、R井さんは川の中へと落ちた。

押し寄せる濁流が、容赦なくR井さんに襲いかかる。

必死になって岸まで泳ごうともがくR井さんの腕を、誰かが掴んだ。

驚いて見るとそれは、行方不明になっているイケダ。

〈オマエ……ダケ……イカセルカ……〉

次第に水の中に体が沈んで、意識が遠のいていく。

「うわぁぁぁぁぁぁぁっ」

大声をあげて、R井さんは目を覚ました。

あまりにも生々しい夢に言葉も出ず、しばらくの間ベッドの上で呆然としていた。

――ドン！

部屋の壁が大きな音を立てて鳴った。

――ギッ、ギッ、ギッ、ギッ、ギッ……

薄暗い部屋の中で、ベッドが軋む音が聞こえてくる。

改めて部屋の中を見渡すと、ここは自分の部屋ではない。

それは、紛れもないあのマンションのベッドルーム。

〈キャァァァァァァァァァァ！〉

突然、絹を裂くような女の悲鳴が響き渡ったかと思うと、そのまま目の前が暗くなった。


気がつくと、R井さんは見知らぬ橋の欄干《らんかん》に立っていた。

月明かりに照らされた足下では、黒く濁った水がごうごうと音を立てて流れてゆく。

（わっ！　わわわわわわ！）

慌てて欄干から、橋の上に飛び下りると尻餅をついた。

地面に座ったまま、自分の格好を見ると、背広姿に会社のジャンパー。

橋の上には会社の車が、エンジンを掛けたまま停まっている。

ぼーっとしていた頭が次第にはっきりしてくると、R井さんは思い出した。

（そうだ……。俺、今日の営業の帰りに、あの部屋へ寄ったんだ……）

時計は夜の二時を指している。

R井さんは、車に乗ると急ぎ会社へ向かった。


R井さんは、すぐにあの部屋のことについて、調べはじめた。

マンションの管理組合や近所の住人などに話を聞くうちに、ある事実が判明した。

それは十数年前、あの部屋に住んでいた女性が、真夜中に忍び込んできた男によって強姦されたうえ、首を絞められ殺されたということ。

その後、部屋は何度か転売されたが、その度に住人が行方不明になるを繰り返し、それをR井さんの会社が買い取ったのだ。R井さんはそのことをすぐ、上司に報告した。

「……と、いうことは、その殺された女が、今もあの部屋に関わる人間を、犯人だと思って呪い殺しているとでも?」

報告を聞いた上司は、半信半疑といった顔で聞いていたが、すぐにあの部屋は買い値の半分ほどで別の業者に引き取られた。

その後しばらくして、オカダ主任の遺体が見つかった。

発見された場所は、R井さんが立っていたあの橋の架かった川の下流だった。

イケダの行方は、今もわかっていない。

迎賓館・完全版

アルバイトから営業に

今から三十年以上前のこと、アニメーション会社を辞めた私は、学生時代にアルバイトをしていた大手警備会社に戻っていた。

時は一九八九年のバブル後半、相変わらず続く好景気に日本中が踊っていた。土地やマンションは飛ぶように売れ、景気のいい話が世に溢れていた。

建築工事の現場もまだまだ隆盛で、それに応じて時給はどんどんうなぎ昇り、昼間の警備数時間で一万二千円、夜間では一万五千円もらえた。

前職のアニメーション会社に比べて何倍もの給料が手に入ることで、若かった私は寝る間も惜しんで昼夜問わず働き続けた。ひどい時には、週十三勤務という時もあった。

しかしある時、その無理がたたったのか、現場で大型車と電柱に手を挟まれてしまい、右手を潰してしまった。

全治七ヶ月、仕事ができなくなった私を気の毒に思った会社は営業として誘ってくれ、私はそのままそこの社員となった。

高田馬場、池袋、大宮と支社を転々と異動しながらバブルの崩壊を目の当たりにし、二年ほど経つ頃には、営業課長として、できたばかりの渋谷支社に赴任していた。

渋谷支社は、道玄坂に面した新築雑居ビルの六階にあり、事務所の裏手側から円山町が一望できた。

「課長、また船橋の支社長から、いわくつき物件がまわってきたんですけど……」

人員配置を担当する警備員が、ホワイトボードの配置表を眺めながら声をかけてきた。

「またか……」

学生の頃から働いていた私は現場経験が長く、現場の警備員に顔見知りも多く、それぞれのプライベートもよく知っている。そして、彼らが行くのを拒む現場があることも。

それは、仕事がきつくて辛い現場や、遠くて行くのが大変な現場、周りの人間とそりが合わない現場、そして、幽霊の出る現場だ。

そういう先に人を行かせて固定する（長く続けてもらうこと）には、時給アップや特別手当などで得をさせるしかない。そこで現場経験の長い私を頼って、ちょくちょくよその支社からも連絡がきたのだ。

但し、トーテムポール

当時、インターネットも銀行振り込みもまだ一般的ではなく、毎日の報告は電話で、報告書は毎週一度の給料日に給与と引き換えに会社で提出する、ということになっていた。

「異常なく終了す。但し、トーテムポール」

ある日、受け取った報告書に、こんな不思議な一文があるのに目が留まった。

「トーテムポール」とは、カナダを中心とした北アメリカ大陸の太平洋に面した地域に暮らす、ネイティブアメリカン（インディアン）が、家の前や墓地などに立てる柱状の木造彫刻だ。柱には顔のようなものがいくつも彫ってあり、家系や過去に起こった出来事などを記録したものだという。

急いで報告書を提出した警備員を呼び止め、「トーテムポール」の意味を問いただしてみた。すると、彼はこんなことを話し始めた。

「その日は夜間の高速道路の工事でして。真夜中の休憩時間に、工事帯の後ろで、ひとりで飯を食ってたんですよ……」

彼は駐車してあった工事用トラックの陰に腰をおろすと、手に提げたカバンからパンを取り出した。

「いつもなら、同居している彼女が作ったお弁当を食べるんですが、その日は喧嘩しちゃいまして、仕方がないから現場に入る前に買った市販のパンを食べてたんです」

ひとり寂しくパンをほおばっている彼の肩口から、誰かの頭が覗き込んできた。

きっと工事車両のドライバーの誰かだろう。そう思った彼は、あえて何も言わずに食事の様子を見られないよう体の向きを変えた。

しかし、追いかけるように頭は肩口から離れない。

(しつこいな……)

ひと言文句を言おうと体をよじり、覗き込んでいる相手の顔と対峙した。

その時、彼の目に留まったのは、宙に浮かんだ青白い男の顔と、その頭の上に縦に連なっている、同じような男たちの顔だった。

「頭がいくつも重なってたんで『トーテムポール』って書いたんですけど……」

他にも、高速道路の現場では「カルガモの親子」と書かれた報告書があり、問いただすと、高速道路を一列で横断する老人の一団を見たというものだった。当然、そんな老人たちは存在せず、走ってきた車は何事もなく彼らを突き抜けていったという。

私が怪談を収集するようになったのは、このように「いわくつき物件」を数多く手掛けるうちに、報告書に書かれた、奇妙な内容に惹かれていったからなのである。

次に紹介するのは私にとって、その中でも最も不思議な体験であり、かつて『新耳袋第九夜　現代百物語』に載せていただいた話であり、その後、竹中直人、嶋大輔、両氏の出演で劇場公開映画として発表された話である。それを改めて、私の記憶を掘り起こして書き起こした『迎賓館・完全版』である。

いわくつき現場の依頼

「……今度の現場は何ですか？　幽霊？　逃げ出した？」

今日もまた、他の支社から「いわくつき物件」への警備の依頼が舞い込んだ。

場所はY駅の近くで、年代物の木造建築の移築工事現場。木造の建物なので、防火対策のために、一日三交代制の警備で二十四時間入ってほしいとのこと。工期は解体と移築先での建て直しを含めて、足掛け三年の予定だという。

幽霊が出ると噂になると警備員が居つかないので、こちらで怖がらない人を固定してくれとのことだった。

「たのむよ。営業成績と売り上げはそっちにあげるからさ……」

足掛け三年で二十四時間、大きな工事の営業成績と売り上げをもらえると聞けば、断る理由はない。私はふたつ返事でこの話を請け負った。


「さて、誰を行かせようか……」

誰にも負けない根性のある人間を、思いつくありったけの情報で思い浮かべた。

その中にひとり、バブルが弾けたため、父親の借金を肩代わりしている警備員のSさんが浮かんだ。

早速、事務所にSさんを呼ぶと事情を説明した。

彼は一瞬躊躇したが、破格の報酬が出ると聞くとすぐに、

「大丈夫ですよ。家に借金取りが来るより、幽霊の方が怖くないですから……」

こうしてまたひとつ「いわくつき物件」を担当することになった。

歴史ある建造物の解体から移築へ

その現場があったのは江戸時代、紀州家、尾張家、井伊家の下屋敷があった場所で、五千坪ほどあった元井伊家の敷地の一角になるという。

そこに明治政府は、練兵場を作り軍隊の訓練をしていたが、しばらくして移転。その後、明治二十六年皇室とゆかりのあった華族が、ここに邸宅を建てた。

それから何度か持ち主が変わり、昭和の初め、実業家である財閥一族に持ち主が変わる。太平洋戦争の後、昭和二十二年、財閥解体及び華族制度の廃止に伴いＧＨＱがこの土地と建物を接収し、所有者一家は家を追われる。

ＧＨＱが去った後、家は大手企業へ売却され、国内外の取引先をもてなすための施設・寮として使用され現在に至っていた。

近年、創立記念事業として、この土地に新たにコンサートホールを建てる計画となった。建てられてから七十年あまりを経て、老朽化した邸宅は解体の予定だった。しかし、歴史的な価値を見出され、都内にある企業の敷地に、社長公邸として移築されることとなった。

ところが、釘を使わず組木細工で作られた邸宅は、今の宮大工をもってしても、失われた技術で作られた箇所が多いため、そのまま解体すると移築の際、復元できない。

そのため、一年をかけてX線で構造を解析して、次の一年で解体、移築先での復元に一年の計三年をかけることとなった。

企業としては、重要なプロジェクトだけに、解体・移築中の火災だけは避けたい。

そこで二十四時間寝泊まりできる警備員を希望したが、担当した者が全員、「女の幽霊が出る」と言って逃げ出してしまい、受注した支社では誰も行かなくなったという。

いざ、いわくつき現場に……

事前の情報をまとめた私は早速、依頼された現場を下見に向かった。

Y駅から十分ほどの歩いた場所には、一九六四年の東京オリンピックの年にできたホテルがあり、道路を挟んだ真向かいに現場はあった。

石を彫って造られた太い二本の門柱と、木で造られた大きな門扉。そして、どこまでも続く白い壁の奥には、二千坪を超える敷地が広がり、手入れの行き届いた枯山水の庭が広がっている。その奥には、大正時代に建てられたという和洋折衷の大きな家が建っていた。

設計したのはOという著名な建築家だ。

建物の外観は一階が、立派な車止めを配した桃山時代の書院造、二階は当時流行りの英国風でまとめられていた。

建物の内部は更に凄く、中庭を取り囲むように「ロの字」に配された廊下に並んだ和室は何十畳もあり、海外からの客にも対応できるよう掘り炬燵《ごたつ》になっている。一度に何十人もの料理を賄《まかな》うレストラン顔負けの厨房。裏には従業員の寮を備えていた。

踊り場のある階段があり、二階は洋間を活かして、外国人向けの寝室がいくつも並んでおり、十人あまりが余裕で寛《くつろ》げる応接室も完備していた。

邸宅をひと通り内見し、Sさんと警備方法について打ち合わせを終えると、私は若干の不安を抱きながら現場を後にした。

夜の邸宅へ

Sさんに現場を預けてから一週間が経った。

てっきり、すぐに「幽霊が出ました」と連絡が入ると思っていたが、予想に反して何も言ってこなかった。

(もしかしたら、幽霊の話自体デマだったのかも。二十四時間泊まり込みという長い勤務だ。それが嫌で、よその担当者がついた嘘ということもあるな)

Sさんからの連絡がないことを、私はそう捉えることにした。

そして、何事もなく二ヶ月が過ぎ、その年の年末となった。

現場監督からの話では、Sさんは年末年始も邸宅に泊まり込んで警備を続けるという。

「それじゃ、あの小さい電気ストーブじゃ寒いだろ。いっちょ、大きなヒーターでも差し入れるか」

早速、倉庫からヒーターを持ち出すと、私は会社の車に飛び乗った。

現場についた頃には陽はとうに沈み、辺りは真っ暗になっていた。現場は平時と違ってヒッソリしている。門扉には、数日後に控えた正月に備えて注連縄《しめなわ》飾りが掛けられ、いつもは現場の周りに何台も停まっている工事車両は一台も見当たらない。敷地内には作業をする人の姿も見えず、ヒッソリと静まりかえっている。

建物の正面玄関のすぐ脇に控室があり、Sさんはそこにいるはずだ。

私は車からヒーターを抱えおろすと、誰もいない庭を突っ切ってSさんのいる警備室へ

ていた。

「お疲れ様～。ヒーター持ってきたぞ。小さな電気ストーブだけじゃ、寒かっただろ～」

大きな声で言いながら警備室に飛び込むと、Sさんは机に向かい、昼間の報告書を書いていた。

「あっ、課長。お疲れ様です」

上半身だけこちらに向けながら、Sさんが軽く会釈する。

以前と変わらない様子で彼は椅子に座っていた。

「元気にしてる？　変わりない？」

そう、私は切り出した。

「うん、全然大丈夫ですよ。ここ、こんないい条件なのに、なんでみんな辞めちゃうんですかね」

「何もないんだったらいいんだけども、ほんと大丈夫？　このまま年明けまで、現場でひとりになっちゃうけど、大丈夫？」

「ああ、大丈夫ですよ。ちょっと寝不足が続いてるくらいかな」

Sさんは軽く返事をした。

「寝られないって言ってたけど……一応、夜は仮眠できるようになってるけど」

私が言うと、Sさんの顔が少し曇った。

「いや実は、仮眠って言われても、あんまりよく寝られないんですよね」

「あ、そう。こういう所だとやっぱり寝つき悪い？」

「いや、ベッドも用意してもらっているんですけど。なんかね、目覚めちゃうんですよ」

「目覚めるってなんで？」

「いや変な夢、見てですね、目が覚めちゃうんですよねえ」

「えっ、どんな夢？」

白い着物の女

Sさんが呟くように話し続ける。

目が覚めると、暗い天井を背に、長い黒髪の白い着物を着た女が浮いている。

その女が自分の体の上に向かって、すっと降りてくる。

不思議なことに、天井から自分を見下ろす女の黒髪は、重力などと無関係なように肩口から腰に向かって伸びている。

やがて目の前まで降りてきた女は、いきなり手を伸ばすと自分の首をぐっと絞める――。

「でも、出ていけって言ったら、消えるんですよね」

Sさんはそう言う。「髪がなびかないから、夢だと思うんですよ」

しかし彼の首の後ろには、明らかに指で押さえつけたような紫色の痣《あざ》が見える。

「いや、Sさん。そこ、痕があるんじゃないの？」

「いやあこれね、たぶん寝ぼけて自分で絞めてるんだと思うんですよね。そう思わないと話が通らないんですよ」

私の問いにそう答える。

「でも……じゃあ、幽霊じゃないってことでいいんだね？」

「うん、まあ、全然平気ですよ」

「そう。で、どこで寝てんの？」

「いや、今、課長が座ってるソファで……」

「ええ!?」

思わず私は天井を見上げた。ここに寝ていると、女が降りてくるのか？

「まあまあ、別に夜にならないと出ないんで、大丈夫ですよ、気にしないで。どうせ僕の夢ですよ。じゃあ、僕、見回りに行ってくるんで、小一時間ぐらい待っててください」

ひとりでここにいるのは、私は正直怖かった。

「いや一緒に行くよ」と彼の後について、すっかり真っ暗になった建物の中を、恐る恐る懐中電灯を手に歩き出した。

やっぱり広い。一周するのに、およそ四十分から五十分はかかりそうだと思った。

離れになっている従業員の部屋や使われていない蔵などもあり、二階の洋間も数がある。

まずは一階をひと回りするというので歩いていくと、途中、二階に上がる階段があった。

ふと見上げると、階段の踊り場に白い着物姿の女が立っている。

私はびっくりして立ち止まり、「えっ」と思わず小さな声が出た。

前を歩くSさんの背中に目を向けてから再度、振り仰ぐと——女はいなかった。

(ああ、さっき変な話を聞いたから、幻覚を見たんだ)

そう思ったら、前を歩いていたSさんが振り返ることなく言った。

「課長も見たでしょ?」そして独り言のように続ける。

「いつも、あの女、あそこに立っているように思うんですよ」

私は女を見たとも何も言っていない。Sさんは言い続けている。

「気のせいですから、全然気のせいですから——」

「え、Sさん。ちょっとそれ、本当に、本当に気のせい?」

しどろもどろになって私が言うと、突然トイレの方から洗浄する水の音が聞こえてきた。

「あれ?　こんな古い建物なのに自動水洗トイレ?」

「何言ってんですか。解体中なんで、控室以外、全部水道止めてますよ」

「じゃあ——なんで水の音が鳴ってるの?」

「だから気のせいだって言ってるじゃないですか。〝気のせい〟だと思わないとやってらんないんですから〝気のせい〟でいきましょうよ」

私の方に振り返りもせず、Sさんは自分に言い聞かせるように言いながら前に進む。

私も押し黙ってその後をついていった。一階から二階を回った後、今度は巨大な厨房の方へ向かう。厨房の奥に蔵の扉がある。

食材などを保存するのに使っていたのかな、と思って見ていると、Sさんは蔵の扉を開けることなく通り過ぎようとした。

「なんで素通りするの?　中を見ないの?」

思わず声をかけると、

「いや、使っていないし、別に中には何もないですし。……ずっと僕、気持ち悪いんで、中を見てないんです」

Sさんは答える。私も、踊り場の女の姿を忘れたわけではないが――。

「でも仕事だし、見ないのはまずいから。何もないかもしれないけど、とりあえず開けてみよう」

「わかりました」と、Sさんは持っていた鍵で解錠して、ガラガラと扉を開けた。

「ちょっと真っ暗だなあ」

「そうなんですよ」

懐中電灯で中を照らすと、そんなに大きな空間ではないはずなのに、すぐ目の前しか明るくならない。暗闇にライトが吸い込まれていくようで、奥の壁に光が届かないのだ。

「わかります？　気持ち悪いでしょ？」

「気持ち悪いな」

「だからね、閉めちゃうんです」

Sさんはそう言うと、ガラガラと蔵の扉を閉めた。

(うわあ、ほんとにここ、怖いんだな) と私は痛感した。

「じゃあいいよ。俺、お前に任すから、頑張ってな」

Sさんにそう言うと、彼を残して現場を後にした。

開いている二階の窓

年が変わって一九九一年の春。外国からとある要人が来日し、現場の建物の近くにあるホテルに泊まることになった。

連日、街宣車の音がすごくて騒然とした雰囲気だった。また、時を同じくして、二、三キロメートル圏内に被害を及ぼすという鉄パイプ爆弾が、現場にほど近い墓地から発見されたという話もあり、一帯では厳戒態勢がとられていた。

警察からの指導もあり、結局、要人の滞在期間中は、工事の作業は中止することになった。現場監督とSさんのふたりが何かあった時のためにその間、現場に滞在していた。


ある日、現場に電話がかかってきた。現場監督が出ると、

「すいません、警視庁の者ですけども、お宅の工事現場、今日もお休みですよね？」

「はい、休んでます」

「二階のホテル側の窓が少し開いてるんですよ。十五センチぐらいなんだけど、一応、確認して閉めてもらえませんか？」

そう指示があった。鉄パイプ爆弾などが、万が一そこに仕掛けられたりするとまずいの

で、というのだ。

「はい、わかりました」

「それとですね。その二階の窓から、ずっとこちらのほうを女の人が見ているみたいなんですけど、窓から離れてもらえるように言ってもらえますか?」

「はい」

現場監督は返事して、Sさんに確認を促した。

監督とふたりで二階に行って見ると、確かに両開きの窓が少し開いていて、カーテンが風で揺れている。

(ああこれだな)と思って、Sさんは窓を閉めた。

古い建物ゆえの、捻じ込み式の鍵を回して施錠すると、カーテンも閉めて戻った。

しかし、一時間も経たずにまた電話がかかってきた。

「すいません、警視庁なんですけども、また、窓が開いているようなんで、閉めてもらえませんか。あと、できれば窓からこちらを覗くのはやめてもらえませんか」

再びSさんが二階に上がると、案の定、窓もカーテンも開いている。

古いとはいえ鍵が勝手に開くはずはない。ましてや外側からも開けようがない。

奇妙な気がしたが、Sさんはきちんと窓とカーテンを再び閉めた。

その後、警察から確認したとの連絡があった。

「警備員の方が窓を閉めたのを確認しました。ありがとうございました。女性の方が何度もカーテンと窓を開けていますので、女性の方に注意してください」

現場監督は憮然として答えた。

「今は工事を中止しているので、建物の中には女性はおりません。現場監督の私と警備員のふたりだけです」

「………」

「あのう、今は窓からは、誰も覗いていませんよね？」

「はい、今度は大丈夫です。ご協力ありがとうございます」

警察の返事を聞いて、釈然とはしないが（ああ、よかった）とふたりは思ったそうだ。

蔵を壊す

建物の解体には結局二年あまりかかった。

広大な敷地の見事な枯れ山水の日本庭園も、きちん図面を作成して記録に残された。

建物の材木など建築資材も全部、綺麗に解体して移築先に運ばれた。

もとの場所には、レンガを積んで漆喰で固めて造られた厚さ三十センチほどの古い塀と、蔵が残った。蔵と塀は解体処分されることが決まっており、それですべての作業は終了する。

蔵を壊す、という日、早朝から作業を始めることになり、ユンボというパワーショベルが入った。私も現場で立ち会っていた。

解体の作業員には外国人労働者も入っていた。蔵の前で作業を開始したが、建物が珍しかったのか、内部を見ようとガラガラと扉を開けて中を覗いた。

やがて、「ちょっと待って！」と大声をあげると、蔵から半身を出して、外にいる現場監督に向かって声を張り上げた。

「監督！　着物着た女や子供が閉じ込められている！　なんか怒ってる！　来て！」

現場監督や工事担当の親方も「なんだなんだ」と飛んで来た。そして一緒に中を覗いたが、当然、蔵の中には誰もいない。

強張った顔をした作業員が言うには、

「中を覗いたら、女の人が座っていた。それだけではなく、彼女の周りを幾重にも小さい子供たちが取り囲んでいる。その女の人が自分に向かって指を差し、すごい剣幕で何かを叫んでいるのだが、日本語なので、何を言っているのかよくわからなかった」

実はこれまでに、蔵の内部を調査している時にも「天井裏から女が顔だけ出している」「四つん這いになって女が走っている」という報告もあったのだ。

さすがに「お祓いをしよう」ということになり、急遽、私が手配をすることになった。


お祓いをするのだが……


蔵のお祓いは、午前中には完了することができた。

その日の午後から解体の作業が再開され、ユンボで蔵の壁をガインガインと叩いて破壊していく。

――ドーン！

（なんだ⁉）突然大きな音がして振り向くと、大きな土埃が見えた。

ユンボが消えた。どこにもない。

大急ぎで駆けつけたら、蔵の床が抜けてその中にユンボが落下していた。

蔵の下に、作業員たちが誰も気づかなかった空間があったのだ。事前に念入りに調べて、地下への入り口などは絶対になかったのに。

運転手の無事も確認されたが、その日の作業は中止となった。

次の日にクレーン車を呼んでユンボを吊り上げて撤去した。

地下の様子を確認すると、ユンボの下敷きで折れて散乱した格子や畳などが発見された。

「まるで座敷牢だ。これが奇妙なモノを見る原因だったんじゃないか」という話になり、現場から、またお祓いをしたいと要請があった。

私もお祓いのたびにお神酒《みき》などの準備をする必要があり、正直面倒でもある。

「え、昨日やったばっかりじゃないですか」

「いや今日もちょっと色々あったでしょう」

そう懇願され、結局、またお祓いをすることになった。終わって私が呟く。

「いやあ、この現場、お祓いが続きますねえ」

「うんまあ、とりあえずこれでね、地下を全部掘って固めれば、あとは大丈夫だから」

親方が話していたその時、またも突然、轟音が響いた。

——バターーーーン！

(え⁉)と見ると、厚さ三十センチ幅のある塀が全部、外側に向かって倒れていた。

関東大震災でもびくともしなかった塀である。それが突然、倒壊したのだ。

幸い人に怪我はなかったが、歩道にあったガードレールや街路樹に被害が出て、警察も出動する大騒ぎになった。

これは当時のニュースなどでも報道もされたのだが、翌日、現場からは「またお祓いをしたい」と連絡がきた。

「三日続けてですか？」

警備会社本社では難色を示したがなんとか執り行い、解体も全部終わって更地も鉄板で覆うことができた。

移築先での怪異

解体した資材・木材などを運び入れた移築先の警備も、私が担当することになった。

Sさんは無事、借金を返済できたので退社してしまった。

移築先は幽霊の噂などがない土地だったので、普通に警備員を手配していた。

ある日の夜中のこと。

移築先の資材置き場を見回り点検している、私が配置した警備員から電話かかってきた。

「課長、課長」

「何？」

「あのう、不法侵入者がいるんですけど、警察に連絡したほうがいいですかね？」

「資材置き場の中にいるようです。鍵は締めたんですけど……」

現場のプレハブは二階建てで、一階が資材置き場になっている。

まさに今、見回りをしている最中だという。

「どういう人？」

「資材置き場を上から見ると、鍵はかかったまんまなんですけど人が入ってんですよ」

「どんな人？」

「なんかね、白い着物着た女なんですよね。だけど、資材置き場に下りていくといないんですよ」

ハッとした私はとぼけて答える。

「そう、じゃあほっといていいかなあ」

「いや、ほっとくってどういうことですか！」

「すでに報告済みだから、ほっといていいと思うんだ、俺は――」

職務に忠実な彼には申しわけないが、苦しい言い訳だ。

結局、移築先の現場でも怪異が絶えなくなり、警備員の入れ替わりが激しかった。

例えばこんなことがあった。

建物の地下に、電気系統の機械などを入れるピットというところがある。そのピットの中で作業をしていると「白い着物の女」が入り口から入ってくるという。驚いている作業員に向かって女は近寄ってきて、覆いかぶさると途端に消えるという。

そんなことが起こるので電気業者が逃げ出してしまう。それで建設会社のほうからは私に、「いい電気屋さん知らない？」と問い合わせがくる。

「いいって、どういう意味ですか？」

「怖がらないところ」

女の姿は幻だということで、この時はなんとか引き受けてくれる電気業者が見つかった。

また、こんなこともあった。

建築現場なので足場を組んでいるが、誰もいない足場がギシギシと音を立て、人が載っているかのようにしなる。

「おかしい」と外に出て見ている作業員たちの目の前で、足場がしなってギシギシギシと音を立てる。終いにはバンバンバンと足で踏みつけるような大きな音がする。

その他にも、夜中に警備員から緊急連絡が私に入る。

「電源の入っていない機械警備装置が鳴っています。ピーピーピーピー鳴って、ランプが光っています。すぐ来てください」

私も会社から駆けつけると、現場には警備装置を取り付けた業者も来ていた。

「原因と言われても、鳴りようがないんです。そもそも電源に繋げていないんですから」

業者は首をひねるばかりだ。

「物理的にありようがないんですけど、そちらで何か、電源をつなげたんでしょうか？」

と、逆に聞かれる有様だ。

警報機の異常動作などのほか、この現場からはありえない報告書ばかり上がってくる。いるはずのない「女がいた」「女を見た」などと書いてある。

大変な現場になってしまったと苦悩していた時に、突然ピタッと騒ぎが収まった。


ある夜中、緊急電話がかかってきた。

「課長、現場の前に変な人がいるんですけど」

「また着物の女の人？」

「いや、和服は和服なんですけど、女性ふたりと男性がひとりなんですよね。で、みんなお年寄りなんですよね」

「あ、そう——生きてる人？」

「なんか生きてる感じしますね」

「あ、生きてるんだったら、ちょっと話を聞いてきてくれる?」

「わかりました」

「俺もちょっとこれからそっちに行くからさ」


移築先の場所に急いで行ってみると、お婆さんがふたりとお爺さんがひとりいて、担当の警備員が一緒に寄り添って立っていた。

お婆さんのひとりは、泣いているようにも見えた。

「あ、すいません、この警備員の上司ですが。すいません、夜中にお声掛けしまして」

「いや、いや、問題ございません。奇跡ですよ」

「あの、何かありましたか?」

「問題とか、そういうことじゃなくて、奇跡が起こって、懐かしくてちょっと見に来ちゃって。ごめんなさいね」

ひとりのお婆さんが答える。

「懐かしいって、何がですか?」そう私が訊くと、お婆さんが答えた。

「いや、この家にねえ、私たち昔、住んでたのよ」

「え?」

意外な言葉に私は思わず訊き返す。

「戦争が終わった時にね、貴族だとか華族だとか、私たち一族は戦前の地位や財産を取り上げられて、とうとう、家を手放さなきゃいけなくなった。それで、違うところに引っ越したんだけど……戦前、私たち姉妹は、実は昔この家に住んでいたんです」

後ろに控えている男の人が、「ようございましたな、奥様」と言ってうなずいた。

三人の事情と関係がようやく理解できてきた。

「ああそうなんですか。わざわざここに、ご覧になりに来られたんですか？」

私も少し歴史の重みを感じながら訊いてみる。もうひとりのお婆さんが、微笑みながら話し出した。

「いいえ、わざわざってわけじゃないんですよ」

「はあ、こんな夜中に？」

「実は私どもの家、この隣の敷地なんですよ」

「あの、どういうことですか？」

「私の嫁ぎ先がこの隣のブロックにあるんです。嫁ぎ先の隣にこの家が越してきましたの。だから嬉しくなって、妹と一緒に見に来ちゃいましたのよ」

その夜を境に、現場で奇妙なことは起こらなくなった。

報告書によく書かれていた「白い着物の女」は、この屋敷に憑いていた守り神だったのか。

それとも、かつての住人だったこの姉妹の訪れを待っていたのだろうか——。

終わりに

このエピソードの舞台となった建物は、戦後の財閥解体により売りに出された貴族や華族の邸宅のひとつで、とある大手企業が購入したものだった。邸宅の造作がたいへん立派だったために、企業は自社の大切な取引先や顧客接待用のゲストハウスとして使用していたことは冒頭にも記した通りだ。

しかし、たまたまその会社が所有する別の土地に移築されることになり、それがかつての住人の嫁ぎ先の隣であったという偶然。

その嫁ぎ先の家も、元々そこに住んでいたわけでもなく、地方からの移住であったそうだ。さらに後で調べたところ、とある大物政治家と血縁がある一族だとわかった。

結局、工事は解体から移築に三年ぐらいかかったが、本当に大変な目に遭った物件だ。おかげで警備会社では、厄介な、いわくつき物件は私に任せろということになった。

当時の記憶を忘れないためにと思い、書き留め始めたのが、実は怪談を書き始めるきっかけになっているのだ。

後日談（一）

座敷牢のような地下があった蔵自体は、昔の藩邸跡地だった時代のものなので資料もなく、今もってどういう建物だったのかは不明である。

持ち主の会社の誰も、蔵の地下に何かがあったとはまったく把握していなかった。

また建物内で目撃された「白い着物の女」については、昔から女の幽霊が出るという噂があったのか、それを確かめるために、建物に併設されていた会社の寮があったので、寝泊まりされていた方に問い合わせたことがある。

「幽霊騒ぎって、移築以前からありましたか？」

ストレートに訊いてみたが、「僕らがいた時はなかったです」という回答だった。

つまり、座敷牢にいた幽霊という考え方もあるが、家自体に憑いていたという見立てもできるかもしれない。

解体工事が始まってから幽霊が出現した――これは事実らしいので、座敷牢は偶然発見されたに過ぎないのかもしれない。

また、以前住んでいたご家族が現れてから怪異が消えたのはどうしてか、未だにこれも謎のままだ。

後日談（二）

さらに最後にもうひとつの後日談。

移築した跡地に、ついにコンサートホールが完成した。

それから数年経った頃、あるふたりの声楽家にお会いする機会があった。

どういう演目をやるのか、どんな感じでトレーニングしているのか、といった雑談の中で、声楽家の方々が突然話題を変えた。

「いやあ実はねえ、ホールって色々と幽霊が出るのよお」

「ああそうなんですね」思わず前のめりになる。

東京だとHという場所のホールは出る、といった具体的なホール名があれこれ出てくる。

邸宅跡地に建った件のホールの名前も飛び出した。

「そうなんですか、そのホールのどこに何が出るんですか？」

訊き返す私に、ふたりは一緒に同じような話を教えてくれた。

「実はホールの控え室なんだけども、一番奥の角にある●番っていう控え室にいるとね、いつも子供の声がするのよ。私は子供、見たわよ」

「どんな子がいたんですか？」勢い込んで訊いてみる。

「私が見たのは着物姿の子だったわね」

「私も見たわ。ほかにも、着物姿の女の人を見たって言う人もいるのよ」

件のコンサートホールの、その番号の控え室の場所は、かつて蔵の座敷牢があった場所だ。


最新の情報では、ツイッターで、昔、移築先の現場へ行ってもらっていた人から連絡をもらった。

「ようやく理由がわかりました」

そう言われ理由を聞くと、彼は三ヶ月あまり現場に通っていたのだが、監督から「今度のガードマンさんは、長続きするね」と言われていたという。

長年、その意味がわからなかったのが、「迎賓館」の話を聞く機会があり、やっと疑問が解けたとのことだった。

そして今年の春にフォローしてくれた音楽家の方が、学生時代に、迎賓館跡のコンサートホールでアルバイトしていた頃の話をＹｏｕＴｕｂｅにアップしている。

その中で語っていたのは、アルバイト中に先輩から「ここ、幽霊が出るから……」と言われていたというものだ。

「地下に女子トイレがあるでしょ。あそこに着物を着た女が出るの。それと、一階のエントランスホールに場違いな服装をした男の子が……だから、ひとりで歩く時は気をつけてね」

その方は幸い、着物の女も子供も見なかったというが、女子トイレまでの長い廊下がなぜか怖かったと言う。

調べたら、まさに女子トイレの場所は蔵の地下があったところで、男の子が現れるエントランスホールは、私が白い女を見た二階への階段の踊り場があった場所に位置するとわかった。

長い歴史を経たこの土地にはやはり、記憶として残留し、蘇るものがあるのかもしれない。

初出一覧

※加筆修正しています。

獅子の兜	書き下ろし
タコピック	書き下ろし
三階への階段	書き下ろし
内線電話	百鬼蒐集録　虚空に向かって猫が啼く
常連客	百鬼蒐集録　虚空に向かって猫が啼く
ひと間違い	百鬼蒐集録　虚空に向かって猫が啼く
本日人身事故あり	百鬼蒐集録　虚空に向かって猫が啼く
ダメージ・ライター（「ダメージ・ジッポー」改題）	現代百物語　幽刻記
無言電話	現代百物語　憑ク話
かわいいですね	百鬼蒐集録　虚空に向かって猫が啼く
交差点の女（「五辻の交差点」改題）	現代百物語　幽刻記
約束	現代百物語　幽刻記
録音ブース	現代百物語　幽刻記
最後の映画	現代百物語　幽刻記
駐車場の女	現代百物語　幽刻記
併走するもの	現代百物語　幽刻記
月明かりの下で	現代百物語　幽刻記
階段	現代百物語　怖イ話
アレルギー	現代百物語　怖イ話
忘れ物	現代百物語　怖イ話（一・二）
巻き付く腕	現代百物語　怖イ話（一〜三）
襖	現代百物語　厭ナ話（一・二）
超低反発ベッド	現代百物語　厭ナ話
人形の足	現代百物語　厭ナ話

蟲	現代百物語　憑ク話
死神	現代百物語　憑ク話
憑依なんですか？	現代百物語　憑ク話
祖父からの手紙	現代百物語　憑ク話（一〜三）
座敷童の宿	現代百物語　憑ク話
座敷童の家	現代百物語　憑ク話
菊の花	現代百物語　忌ム話
コロッケの味	現代百物語　忌ム話
テーブルの下	現代百物語　忌ム話
ノック	現代百物語　忌ム話（一〜三）
お店の神様	現代百物語　忌ム話（一・二）
そういう理由	現代百物語　忌ム話
祖母の眼鏡	現代百物語　忌ム話
節電はしない	現代百物語　忌ム話
触れないでください	現代百物語　忌ム話
ナースコール	現代百物語　殖ク話（一〜三）
山の祠	現代百物語　殖ク話
すな	現代百物語　殖ク話（一〜四）
リフト	現代百物語　因ル話
床の間	現代百物語　因ル話
風呂のない部屋	現代百物語　因ル話（一・二）
挨拶	現代百物語　因ル話
ピンポーン	現代百物語　因ル話
殖ク話	現代百物語　殖ク話（一〜四）
迎賓館・完全版	書き下ろし

西浦和也選集　迎賓館

2022年9月5日　初版第1刷発行

著者……西浦和也
デザイン・DTP　……荻窪裕司(design clopper)

発行人……後藤明信
発行所……株式会社 竹書房
〒102-0075　東京都千代田区三番町8－1　三番町東急ビル6F
email：info@takeshobo.co.jp
http：//www.takeshobo.co.jp
印刷所……中央精版印刷株式会社